Vasile
ROLE STANOVENÍ CÍLŮ

Obsah

Vítězové životních odměn, ne amatéři!

Počáteční slovo

Nikdy pro mě nebylo těžké psát, dokud jsem věřil svým myšlenkám, věřil jsem hodnotám, které jsem přijal před více než 17 lety. Na cestu osobního rozvoje jsem se vydal ve 20 letech z touhy překonat svůj stav, se kterou jsem nebyl spokojen. Byla to především touha dozvědět se více a obohatit se uvnitř. Bylo to období, kdy jsem psal poezii, psal jsem docela dost, mohu nyní říci, že to byla poezie, která mě udržovala ve spojení s vnitřním já; jako by všechny myšlenky, které budu psát, rezonovaly v tom vnitřním hlasu, který mi říká, jak psát.

Zajímal jsem se o oblast osobního rozvoje, četl jsem všechny knihy, které jsem našel, a snažil jsem se procvičit to, o čem jsem si myslel, že mi pomohlo. Většina knih obsahuje závěrečné informace, syntézu toho, o čem se spisovateli podařilo přemýšlet po celý život. Bez ohledu na to, jak dobré to je, může odpovědět na naše problémy jen v malé míře, a to proto, že informace, které chceme použít, mohou nebo nemusí odpovídat naší škále vnitřních hodnot. Abychom to mohli použít, museli bychom se změnit, nashromáždit důležité množství informací ke zpracování a až po jejich průchodu interním filtrem, abychom mohli porovnávat vše, co čteme, s tím, čemu už věříme. Mít sílu vystoupit na úroveň co nejblíže autorově, ne-li se pokusit ho překonat dovednostmi a znalostmi.

Mnoho lidí jen napodobuje určité chování, jehož podstatě nerozumí, a jsou překvapeni, když se výsledky zpozdí. Abychom se vyvinuli a měli více, než máme v tuto chvíli, musíme chtít být více a dělat více pro sebe. Chceme zaplatit cenu, a v tomto případě osobního rozvoje jde o cenu v informacích.

V určitém okamžiku jsem to pochopil a začal jsem investovat do rychlého čtení a zrychleného učení. Pochopil jsem, že se musím zlepšit prostřednictvím kvalitnějších informací a že když se k těmto kvalitním informacím dostanu, mám všechny šance přejít na vyšší úroveň individuálního výkonu. Byl jsem v méně šťastném období svého života, když jsem nemohl najít energii k dokončení prvního stupně v oboru strojírenství. Bylo to, jako by se nic nedělo tak, jak jsem chtěl, a čím víc jsem se snažil, tím horší byly moje výsledky. Pracoval jsem několik let a ztratil jsem koncentraci a zájem o studium. O několik let později jsem našel tu touhu, která ve mně začala intenzivně hořet. Už jsem dělal cvičení rychlého čtení a pokračoval jsem v posledním ročníku na vysoké škole. Dokončil jsem inženýrství s velmi vysokými známkami a zapsal jsem se na druhou fakultu. Všechno šlo velmi dobře a paralelně jsem sledoval dva pány. Během 12 let vysokoškolského studia jsem navštěvoval čtyři univerzity. Měl jsem stovky kolegů a složil jsem přes 150 zkoušek. Tato zkušenost mi dala šanci objevit svůj potenciál hromadit velké množství informací v extrémně krátké době.

Možná byly chvíle, kdy jsem se chtěl vzdát boje, když jsem se cítil přemožen událostmi, ale tyto okamžiky byly prchavé, zachránilo mě to, že jsem pokračoval ve čtení. Četl jsem a meditoval večer, než jsem usnul na to, co jsem považoval za důležitější než to, co jsem četl. Snažil jsem se najít logiku nad rámec toho, co text může sdělit, najít více než nápad, porozumět autorovým myšlenkám a pocitům.

Nebýt tohoto intenzivního procesu analýzy, který trvá roky, pravděpodobně by se tyto knihy nikdy neobjevily. Čtení a zejména vnitřní analýza vyvinuly paralelní myšlení, které je přítomné po většinu dne bez ohledu na to, jakou činnost dělám; někde v pasivním plánu se nápady utvářejí a večer, když sedím před notebookem, je pro mě velmi snadné vyjádřit všechny tyto nápady slovy. Je to proces vnitřního klíčení a mimořádného potěšení vyjádřit se písemně, i když v sociálním plánu mám někdy sklon se od lidí distancovat. V tomto okamžiku už mám nápady na své další knihy, jsou hotové na 80%. V posledních měsících jsem své informace pouze přečetl a umístil je striktně na domény a byl umístěn do složek mysli, které otevřu, když chci získat přístup k těmto konkrétním informacím.

Píšu tyto knihy s touhou být spolehlivou pomocí těm, kteří jsou na začátku cesty osobního rozvoje, protože zde najdou základní informace, najdou zde přesně to, co potřebují k zahájení procesu osobní transformace a dosáhnout pozitivní změny v jejich životech. Jsme odsouzeni k boji na hranici úspěchu. Mnohokrát nám zbývá málo a můžeme se k tomu dostat, ale vždy nám něco unikne a pak se musíme vrátit do oblasti průměrnosti a čekat na příležitost, která může přijít, nebo na kterou marně čekáme. Pochopil jsem to, když jsem si uvědomil, že 99% neznamená 100% a že bez ohledu na to, jak blízko jsme k cílové čáře, pokud ji nepřejdeme, závod nedokončíme.

Přiznávám, že tyto knihy píšu zejména pro mladé lidi, myslím na ně, když se vymaním z každodenních problémů a vstoupím do stavu nutného k psaní, tvorbě. Chci pro ně další šanci, chci, aby pochopili, že budoucnost, kterou mají, je napsána pouze v širokých obrysech a že mohou tyto linie transformovat, mohou se dostat z komfortní zóny a mohou překonat sami sebe. Že mohou žít a ochutnat skutečný úspěch. Ale mladí lidé mají v tomto věku jiné starosti, věří, že jim všechno patří a že energie a nadšení oživí celý jejich život. Nechci je zklamat a říci jim, že jednoho dne to bude mnohem intenzivnější a energie, kterou teď mají, bude stačit na to, aby šli do práce a vrátili se domů - pravděpodobně to zjistí sami.

Osobní rozvoj může pro ně změnit celý tento obrázek. Může je teleportovat do světa, kde mají sny každou šanci stát se skutečnými. Není to žádná kouzelná věc, jde o pravidla a zákony, že pokud se je naučíte a správně použijete, budou jednat za vás, jako za všechny úspěšné lidi po celém světě. Ti lidé, kteří kvůli intenzivní touze zapálili svou tvrdou práci a vnitřní disciplínu, uspěli tam, kde by si nikdo nemyslel, že uspějí, a možná, buďme upřímní, někdy si nemysleli, že uspějí také. Cítili v sobě, že jsou vítězové, že překonají svůj současný stav, zvláště pokud na tuto cestu přišli po sérii neúspěchů a velkého utrpení.

Život je náš a pokud určité události nelze změnit, protože nezávisí na nás, ale na našich vnějších faktorech, stále můžeme změnit dopad a perspektivu, které na nás události mají. Záleží na nás, jestli se ze všeho, co se nám stane, poučí důležitou lekci a chceme se pohnout kupředu, nebo jestli se budeme nadále točit ve stejném kruhu, ve kterém jsme se rozhodli být jak oběťmi, tak žalobci. Místo mobilizace a nalezení odvahy jít dál jsme se rozhodli stěžovat si a shledali jsme vinnými za své vlastní selhání.

Selhání je bolestivé, často to uslyšíte v mých knihách, ale je třeba se to naučit. Ti, kteří měli a jsou úspěšní, velmi dobře znají hořkou příchuť neúspěchu; Rozdíl mezi nimi a lidmi, kteří byli poraženi, spočívá v tom, že pokračovali v boji a naději, a tato vnitřní síla je nakonec vedla k úspěchu. Teorie je to tak jednoduché, ale je těžké se opravdu změnit a vzít si život.

Kapitola I.

A kutní problém, který zůstal nevyřešen, se zhorší, takže musíte přijmout okamžitá opatření, abyste se vyhnuli krizové situaci. Je snazší požáru zabránit, než ho uhasit. Mnohokrát necháme věci nevyřešené v naději, že je čas vyřeší sám. Ale věci nejdou tak, jak chceme, aby šly. Když oblázek narazí na čelní sklo automobilu a rozbije ho, bude to zpočátku jen žebro, které si stěží všimnete, poté naroste, vyroste nahoru a dolů a po chvíli praskne na žebrech a místo, kde vstupuje vzduch, bude bělavé. Pokud nezměníme čelní sklo a neodložíme přijetí opatření, všimneme si, jak obtížné je skrz něj vidět, a to je jen běžný příklad. Věci se příliš neliší, pokud jde o náš vlastní život, naše zdraví nebo problémy, které máme s přáteli nebo rodinou. Každý doufá, že čas způsobí, že se věci budou vyvíjet pozitivně, ale život nám ukazuje, že směr, kterým se události, které ignorujeme, nebo jim nedávají správnou dimenzi, je většinou negativní.

Život a přežití jedince závisí na tom, jak inteligentní je, a na jeho schopnosti přizpůsobit se novým nepředvídaným situacím. Pokud se rodina nesnažila naučit vás, jak přežít, nevycvičila vás a nenaučila vás víc než vás poslat do školy a ovládat domácí úkoly, musíte se sami začít učit, co to znamená přežít v společnost. Není to snadné, zejména když se záměrně rozhodnete ignorovat a spoléhat se pouze na formální vzdělání, diplom nebo určité dovednosti, které v krizových situacích nemají cenu.

Tak se zrodila KULTURA HODNOTY. Tento koncept chce sjednotit základní informace pro mladé lidi, ale i pro méně mladé, kteří chtějí překlenout propast mezi nimi a těmi, kteří mají vynikající vzdělání. K této informaci jsem dospěl po intenzivním studiu. Bez rychlého čtení a zrychleného učení bych neuspěl. Přístup k informacím je snadný, zvláště nyní, když máte přístup k libovolnému webu, který chcete, z mobilního telefonu. Problém, který vyvstává, jsou zdroje a především musíme hledat kvalitní informace. Po přečtení potřebujeme období, ve kterém se informace usadí, zvykneme si a nakonec je přizpůsobíme. Ale nemáte ten čas, nemáte neomezený čas hledat informace. Rozhodl jsem se být spisovatelem a trenérem, ve skutečnosti to byla spíše výzva než volba a celý můj den je neustálé hledání informací. A vynakládám toto úsilí pro vás. Kromě hmotných zisků, které jsou nebo nejsou barometrem práce, kterou spisovatel předkládá, přes prestiž, kterou spisovatelé získávají, existuje ve mně touha sdílet ty nejlepší informace.

Máte šanci pochopit, co je VALUE CULTURE, a máte šanci procvičovat a stát se velmi dobrými ve vedení, stanovování cílů, řízení času, veřejném projevu, komunikaci, vyjednávání, charismatu a přesvědčování. Pokud se rozhodnete investovat do těchto oblastí v krátké době, pocítíte, jak se obraz o vás stává jasnějším; budete jasněji vědět, kdo jste, kde jste, kam chcete jít a jak se tam můžete dostat před ostatními. Nejprve vám ale doporučuji procvičit rychlé čtení - pomůže vám to udělat obrovský skok intelektuálně i psychicky.

Techniku rychlého čtení lze naučit na několika školeních; je jen na vás, abyste si procvičili úroveň excelence, kterou chcete a které můžete dosáhnout. Musíte pouze pochopit, že rychlé čtení není nic jiného než jídlo, které dáváte mysli, nelze si ho vzít odjinud, nikoli z televize nebo časopisů. Získává se díky knihám, které čtete, hodnotným knihám, které mají za úkol otevřít zcela novou perspektivu a dostat vás ze své komfortní zóny. Jsem docela uzavřený člověk v tom smyslu, že se mi líbí to, co dělám, a nechci si zbytečně komplikovat život. Hodně čtu, píšu s potěšením, pořádám kurzy a konference. Na této cestě budu pokračovat, protože mám pocit, že to je cesta, kterou musím následovat.

Již jsem napsal dvě knihy o vedení, v těchto knihách najdete celou moji výzkumnou práci a zpracování dvou sad 111 zákonů o vedení. Z toho přirozeně a přirozeně vyplývá, že píšu dvě knihy o tom, jak stanovení a dosažení cílů může navždy změnit náš život k lepšímu. Tyto informace jsou přístupné mladému člověku na střední nebo vysoké škole. Vše, co potřebujete, je touha číst a analyzovat, které z informací, které vám předkládám, vám nejlépe vyhovují. Všechny informace musí být předány interním filtrem, nic nesmí být spolknuto bez žvýkání. Také doporučuji účastnit se co největšího počtu kurzů a seminářů na toto téma.

Tato kniha zdaleka neřeší všechny výzvy spojené s tak složitou oblastí stanovování cílů. Pokud ji po prvním přečtení této knihy odložíte stranou a uvědomíte si, že je důležité okamžitě začít stanovovat cíle pro různé důležité oblasti vašeho života, pak svého cíle dosáhla. Jediné, co musíte udělat, je znovu si to přečíst vyzbrojené psacími nástroji a notebookem, na který si můžete zapsat vše, co je pro vás důležité. Hledejte na internetu co nejvíce informací o stanovování cílů a rozhodněte se, že nebudete ignorovat, procvičujte si stanovování cílů každý den a až budete nakonec úspěšní, naučte se užívat si všeho, čeho jste dosáhli.

Kapitola II

K aždý den slyšíte, že vás někdo chce zachránit i proti vaší vůli. Laskaví a velkorysí politici v kampani se zajímají pouze o váš blahobyt a způsoby, jak můžete jako občan prosperovat, mít lepší vzdělání, vysoce výkonný zdravotní systém, sociální ochranu a klidnou stáří. Všichni přicházejí s životním plánem, který je stále fantastičtější. Tento plán vás musí přesvědčit, abyste za něj hlasovali, ale váš hlas v žádném případě nezaručí vaši záchranu. Když se politici dostanou do úřadu, zapomínají nebo předstírají, že zapomněli na to, co slíbili. Plán na záchranu vás je ve skutečnosti plánem na záchranu jejich a jejich příbuzných, těch, kteří potřebují privilegia a kteří se neobtěžují skrývat luxus, ve kterém žijí - jinak jsou příklady integrity a morálky. Oni a další jim podobní jsou a vždy budou na prvním místě, takže vám zůstane jediné řešení: usilovat o záchranu.

Neexistuje jediný způsob, jak uspět na 100%, úspěch je kombinací metod, technik a dovedností spojených pevnou vůlí a osobností, která může přilákat hodnotné lidi kolem sebe. Úspěšní lidé se přestali dívat do dálky a čekají na jednoho z těch, kdo prohlásil, že chce, aby se jejich dobro objevilo u zaslíbeného dobra. Pochopili, že život je boj a že pokud nepodniknou okamžité kroky, aby se sami pokusili zvládnout, selžou a nikdo s nimi nebude mít soucit.

Pochopili snad nejdůležitější věc, totiž to, že je mnohem snazší něčemu zabránit, než se pokusit zachránit později to, co se zachránit dá. Většina ztrát, kterých jsme svědky, ať už ve finanční, ekonomické, sociální nebo osobní oblasti, nastává v důsledku neustálé neznalosti blikajících nouzových signálů a ukazuje nám, že nejdeme správným směrem. Člověk má sklon se přeceňovat a uvažovat o tom, že pokud uspěl jednou, učiní to pokaždé, bez ohledu na to, zda se změní počáteční podmínky. Okamžiky krize se nevyhnutelně objevují v životě každého člověka, některé okamžiky dokonce hluboké krize. Co uděláme, abychom se nesnažili zachránit něco ze všeho, co máme? Co děláme, abychom rozšířili to, co máme, a abychom uspěli ve vývoji a vývoji, zatímco ostatní si volí snadný život uzavřený vysokými zdmi komfortní zóny? Jak opustíme tuto komfortní zónu, která nám nepřinese nic dobrého, oslabí nás a bude závislá na zdrojích ostatních, promění nás v jednoduché nástroje okamžiku? Věřím, že naše úsilí musí směřovat do oblasti prevence. Pojďme se zamyslet nad tím, jak se můžeme vyhnout krizovým situacím a jak můžeme těmto všem věcem zabránit, nebo, pokud k tomu dojde v důsledku faktorů, které nám nepatří, aby to na nás mělo co nejmenší dopad, dopad, který můžeme mít snášet to a snáze přejít. Úsporný plán je prevence a jediní, kdo to může udělat, jsme my a nikdo jiný. To vyžaduje hluboké znalosti reality a rychlost při rozhodování o uložení. Nemůžeme nic plánovat, pokud nevíme, jaké jsou naše cíle. Pokud opravdu nevíme, co od života chceme. Pokud nepřestaneme běžet k různým věcem formou, ale bez pozadí, které nás oberají o energii a dobré roky v životě. V mých dalších dvou knihách o řízení času uvidíte, že můžete zastavit proces plýtvání časem a jak můžete ze svého času udělat spojence. Ale do té doby se pojďme zabývat nesmírně důležitou oblastí, konkrétně stanovováním cílů.

Potřebujeme znát věci, které nás oberají o čas. S tímto vědomím můžeme překonat důležité překážky, které by nás jinak po mnoho let držely v zajetí tím, že se budeme chovat špatně a nedosahovat dobrých výsledků.

Podáváme špatně, protože necháváme věci, které nás oberají o čas, každý den přítomny v našich životech. Přísloví říká, že zůstat v posteli, pouze pokud si můžete vydělat peníze seděním v posteli. Pokud vám něco neprospěje, jaký to má smysl pokračovat v tom každý den? Existují pouze dva nebo tři důležité úkoly, které děláme každý den a které nám přinášejí výhody, zbytek jsou jen drobné nebo osobní věci, nepomáhají nám platit účty ani podnikat kroky k našemu osobnímu vývoji a rozvoji.

Mnoho lidí začne něco na sobě měnit, aniž by provedlo hloubkovou analýzu svého života, aniž by bylo možné získat přehled, a bez tohoto obrazu může být změna pouze povrchní a krátkodobá. Abychom se naučili, co je výkon, a abychom dosáhli výkonu, musíme se učit od nejlepších, od těch, kteří již touto cestou kráčeli a mají k tomu zkušenosti a sílu. Ne každý dokáže poradit a ne každá rada je dobrá a vyhovuje nám, a proto musíme vědět, jak si z množství informací v určité oblasti vybrat ty, které nám vyhovují, ty, které nám pomohou začít a dělat úkoly jednodušší tím, že skončíte s prováděním nejtěžší části úkolů. Stejně jako při skládání puzzle začneme s kousky v rozích, budeme pokračovat s těmi na straně a nakonec spojíme ty uprostřed. Pokud děláme věci správně, pak část, která má být těžká, se stává snadnou. Jedním z nich je umístit dílky bez jakékoli logiky a snažit se shodovat s tím, co si myslíte, že by byl obraz, ale aniž byste se museli zabývat, a dalším je mít plán, jak se postupně aplikovat, dokud nebude vložen poslední díl a nebude vytvořen úplný obraz.

S pomocí stanovení a dosažení cílů budete úspěšní a tímto způsobem si budete moci získat respekt lidí kolem vás. Úspěšně se stanete příkladem a vaše činy je budou motivovat a inspirovat. Ti, kteří uspěli, si užívají uznání nebo, proč ne, závisti lidí kolem sebe. Ale nikdo, bez ohledu na to, jak se na vás rozhodl podívat, vám nemůže odebrat zásluhy, které jste získali. Úspěch je často přechodný stav; můžete provést přechod od neúspěchu k úspěchu a zpět k neúspěchu nebo se můžete vyvíjet od okamžiku úspěchu k dalším okamžikům úspěchu. Úspěch není nic jiného než neustálé stanovování cílů a jejich dosahování.

Když dosáhnete cíle, budete bezpochyby vědět, zda jste ho dosáhli nebo ne. Proto musí být cíle nesmírně jednoduché a jasné. Budete vědět, jestli jste vystudovali vysokou školu, budete vědět, zda jste byli najati, nebo zda jste dostali peníze za svůj první plat. Neexistují žádné relativní problémy, které by ponechaly prostor pro interpretaci. Jsou věci, které nelze zaměňovat s ostatními. Proto si tolik stanovuji cíle, protože je to kompletní proces, kdy víte, odkud přicházíte a víte, zda jste se dostali tam, kam jste se vydali.

Stanovením cílů zlepšíte své sebevědomí a respekt, který k sobě máte. Většina trpí hlubokým nedostatkem důvěry v to, co jsou a co mohou dělat. Možná to nevíte, ale zárodky této nedůvěry byly v průběhu času zasazeny rodinou, učiteli, přáteli nebo společností. Jsou to ti, kteří v nás vyvolali strach a neochotu posunout naše limity. Tyto limity si často sami stanoví, omezujeme sami sebe. Když uvidíte, že vše, co jste si předsevzali, se stane realitou, i když na začátku budete mít jen malé cíle, vaše sebevědomí se zvýší, budete se cítit silní. Cíle, které si stanovíte, musí být stručné. Krátce a k věci. Zahrnout důležité, ale komplexní a kvalitní informace. Tyto věci jsem se naučil rychlým čtením. Stanovené cíle by měly být jako laser, který se dokáže soustředit na to, co je důležité. Uvidíte, že až se vize vyjasní, vše se snáze přiblíží.

Kapitola III

Věci se dějí v našich myslích zpomaleně. Čteme pomalu, pomalu myslíme. Nejsme si vědomi toho, že můžeme film našeho života spustit během několika sekund. Že si můžeme hned teď představit celý náš život, protože nováček vidí, jak promuje na vysoké škole a promuje. Krmí své nadšení takovými obrazy. Dokáže si vizualizovat celou svou cestu, může spustit mentální film stokrát nebo dokonce tisíckrát, a tím dát své mysli jasné pokyny.

Čím rychleji přemýšlíme, tím rychleji se dostáváme tam, kde chceme být. Studie na brilantních dětech ukázaly, že zrychlení tempa učení vede ke zvýšení intelektuální výkonnosti; stejné studie provedené tentokrát u dětí s mentální retardací ukázaly procentuální zvýšení intelektuálního výkonu, jako v případě skvělých dětí. Klíčem je myslet rychleji a jasněji.

Lidé se bojí selhání. Je to jeden z jejich největších obav. Z tohoto důvodu se snaží, a pokud selžou, vzdají se boje a utěší se tím, že řeknou, že to, co chtějí, je příliš mnoho, a pak se musí omezit na průměrnou úroveň výkonu, ale to je trvale nelíbí a vyvolá stres, který množit v jejich životech.

Strach je to, co nás nutí ztratit nesmírně důležité okamžiky, šance, které ostatní využijí a vyvinou se, a nechá nám otázku: co by se stalo, kdyby ...? Strach pochází z nepochopení naší přírody, ale také z našeho instinktu ochrany. Je naprosto normální bát se, ale silní lidé jdou dále, nutí se rychleji překonávat všechny obavy a nutí se k úspěchu.

Musíte vědět, že nemůžete uspět bez znalosti hořké příchuti neúspěchu. Jak jsem řekl, selhání nebo strach z neúspěchu drží většinu lidí daleko od úspěchu. Ale myslím, že strach z úspěchu je také drží pryč. Protože někde hluboko uvnitř jim byly zasety zárodky neúspěchu, které jim říkaly, že nemají právo být šťastní, že nebudou úspěšní bez ohledu na to, kolik úsilí vynaloží. Nebo ne! Máte sílu dosáhnout téměř všeho, co jste si předsevzali. Tato kniha vám to má ukázat.

Většina lidí neví, že počáteční selhání je předpokladem konečného úspěchu. Nemůžete být stále úspěšní; teď jste nahoře a užíváte si toho, čeho jste dosáhli, poté můžete být dole a zkoušet nový plán, novou strategii, abyste znovu uspěli. Ale to vše úzce souvisí s tím, jak dobře víme, jak stanovit naše cíle. Lidé nevědí, jak si stanovit své cíle. Nemají tušení, o co jde; v nejlepším případě vytvoří řadu tužeb, které nikdy nebudou skutečně cíli, kterých má být dosaženo.

Jejich rodiče je neučili nebo nevěděli, jak je učit. Pokud pocházíte z rodiny, kde nikdy nebyly diskutovány cíle, pokud nikdo ve vašem okolí neměl jasné cíle, bude pro vás docela obtížné udělat totéž.

Škola je neučila a nevěděla, jak je učit. Formální vzdělávání se zabývá cvičeními memorování, která nebudou v každodenním životě příliš užitečná.

Pokud ten člověk neměl zájem hledat informace a vzdělávat se, pak bude vědět jen to, jak mít oči dokořán a snít o určitých věcech. Je to, jako by stál před cukrářským oknem a slintal na každý z vystavených koláčů a myslel si, že jednoho dne je všechny sní. Nevím, jestli mu to hodně pomůže.

Chtít něco znamená jasně stanovit, jaký dort chcete, jak vypadá a kolik to stojí. Jděte si vydělat peníze, vraťte se do cukrárny a přijďte si je koupit. Je to jednoduché a nejde o jiný způsob, jak zajistit, aby věci fungovaly. Setkal jsem se s mnoha lidmi, kteří pochopili, že pokud budou každý den psát své cíle, nakonec vydělají 100 000 $, nějak je vesmír přivede k této částce. Úplně špatně! Snili jen o částce, ale k úspěchu potřebujete akci. Pokud předtím chtěl 100 000 $, stanovil by si cíl mít 10 $, potom 20 $ a tak dále, neustále zvyšovat svou osobní hodnotu, pak si myslím, že uspěje.

Lidé si nedávají cíle kvůli přehradě. Přehrada je souhrn negativních myšlenek, kritiky a výsměchu, díky nimž jedinec není schopen uvěřit, že může uspět. Přehradu lze překonat, když lidé pochopí, že je tam jen jeden pruh, který je vede vpřed a že se nemají kam vrátit. Na konci této uličky je úspěch a nezbývá jim nic jiného, než jít dál. Kritice se lze snadno vyhnout, když se rozhodnete udělat a mlčet. Mluvte až poté, co získáte výsledky. Za věci, které se rozhodnete nikomu neřeknout, vás nikdo nemůže soudit a demoralizovat. Proč musíš mluvit předtím? Nikdo vás neodmění za to, co chcete dělat, ale za to, co jste již udělali. Medaile se udělují po soutěži, ne dříve. Nikoho nezajímá, co budete dělat, svět je plný chvastounů, kteří bojují pěstmi v prsou a kterým se podaří překonat úroveň průměrného výkonu, bez ohledu na to, jak dobří a mimořádní jsou.

Zaměstnavatelé chtějí kompetentní lidi, kteří mohou ukázat, co vědí. Pokud se podíváte na pracovní nabídky, nikdo si nezaměstnává lidi s potenciálem, s výjimkou velmi zvláštních případů. Abyste byli přijati, potřebujete alespoň 3 roky zkušeností. Jak si můžete užít tuto zkušenost, když vás nikdo nezaměstná? Vsadím se, že to je problém mnoha absolventů, kteří věří, že diplom získaný prací a obětavostí jim po absolvování vysoké školy nebo magisterského studia otevře řadu dveří. Nikoho to nezajímá. Vaším úkolem je mít tuto zkušenost, vaším úkolem je bojovat a přesvědčit se, že jste dobří a zasloužíte si tuto práci před 100 dalšími lidmi, kteří mají připraveny své životopisy a projev lépe rozvinutý než ten váš.

Když jste před zaměstnavatelem, nemůžete mu prodat koblihy - že budete pracovat a vyrovnat se s programem, že jste pozitivní a ochotní pracovat ve stresu. Sto dalších lidí řekne totéž. Nemyslete si, že nafouknutím životopisu uděláte dojem, to dělá dalších sto lidí. To, co musíte mít, abyste předběhli ostatní, je jiskra, genialita, vnitřní síla a kreativita, které se stanou transparentními, nad rámec nejlepšího životopisu. Je to o přístupu, charismatu, moci zaplnit místnost pouze prostřednictvím vaší vlastní přítomnosti. Způsob, jakým mluvíte, pohybujete se nebo dýcháte. A to vás vysoká škola nikdy nenaučí. O vedení nebudete vědět, kromě toho, co jste kdy četli ve vlaku, nebo jste si náhodou promluvili s kamarádem, nebo pokud jste měli štěstí nebo jste si vytvořili příležitosti k účasti na kurzech vedení. Nebudete vědět o charismatu nebo přesvědčování, pokud se nezapojíte do osobního rozvoje, nebo pokud nehledáte způsoby, jak zlepšit své dovednosti a rozvíjet se.

Potkal jsem dnešní mladé lidi, potkal jsem je jako kolega na čtyřech univerzitách, které jsem navštěvoval, potkal jsem je na kurzech rychlého čtení a zrychleného učení, které jsem pořádal. Je v nich touha vědět a já jsem je viděl vyzkoušet, i když po opuštění konference a opuštění studijního stavu jejich výkonnost klesá. Jsou to mimořádní mladí lidé, ale ne vždy mají přístup ke kvalitním informacím, což je velmi zpomaluje. Mnoho z nich po tomto kurzu necvičilo rychlé čtení, kromě příležitostných, ačkoli kdyby pokračovali v životě, zásadně by se to změnilo.

Hodně jsem o nich přemýšlel a o tom, že se možná před příchodem na kurz rychlého čtení a zrychleného učení měli zúčastnit kurzu stanovování cílů. Pak by jejich perspektiva byla mnohem širší a trvala by delší dobu. Jejich dynamika by byla odlišná a měli by šanci porozumět informacím na jiné úrovni. Vidět v rychlém čtení nejlepšího spojence a nejen způsob, jak snáze složit složitou zkoušku.

Život ve své podstatě je nejtěžší zkouška a bez neustálého čtení po zbytek života nedostaneme velmi dobrou známku. Je dokonce možné promarnit roky našich životů opakováním zkušeností, protože jsme zde na tomto světě, abychom se učili.

Mladí lidé jsou ti, kdo mají energii učit se; nejmladší mají vědu o učení a cvičení získané v letech života. Nikdy není pozdě začít se profesionálně učit. Nikdy není pozdě kombinovat relaxaci s učením, práci s potěšením a výsledky s finanční nezávislostí - to je nejžádanější ocenění drtivé většiny lidí.

Mladí lidé mají nevinnost a někdy i nevědomí, aby věřili, že život bude sám o sobě krásný a snadný, ale dramata těch, kteří se potýkají s chudobou a nedokáží vystoupit na slušnou úroveň, ukazují, že nestačí jen chtít a lhát že vše bude v pořádku. Nebude to vůbec dobré, pokud s tím něco neuděláte. Pokud právě teď neinvestujete důležité zdroje svého času, energie a peněz. Nespoléhejte na čas; jak stárnete, zjistíte, že vaším nejdůležitějším zdrojem je čas. Pokud si nyní, když jste mladí a silní, nenajdete čas na péči o svou budoucnost, jak to uděláte s prací, která vás bude ždímat energií, s dítětem nebo dvěma doma as osobními výzvami, kterými nejste ani víte teď?

Kapitola IV

Nyní je tvůj čas! Když se ostatní baví, neříkám vám, abyste to nedělali také, protože potřebujete vztahy, musíte se cítit dobře, eliminovat stres a cítit se přijati, ne na okraji společnosti. Ale zábava nemusí být cíl. Nežijte pro zábavu, snažte se nepodlehnout stereotypům, které vám říkají, že nyní je čas se bavit. Měli byste vědět, jak se bavit po celý život. Nyní nespotřebovávejte svou čistotu, nevinnost a sílu k úsměvu. Budete je potřebovat později. Po zbytek života budete potřebovat to, čím jste nyní. Úspěšní lidé nejsou stroje na vydělávání peněz, ale jsou to citliví lidé, milující umění, filmy, sport. Pěstovali tyto vášně a starali se o to, aby je předávali ostatním, neztráceli svůj potenciál jako studenti a jinak se rozhodli pracovat pouze jako otroci.

Úspěch je vnitřní stav, je to více než mít částku peněz. V určitém okamžiku svého života se můžete protnout částkou peněz, mohou existovat různé příčiny, ale to z vás nedělá úspěšného člověka. Svou osobnost změníte jen k horšímu. Úspěch je postaven od nuly. Není zděděno a nikde se nevydělává. Každý ví nebo neví, jak být úspěšným člověkem. Ti, kteří vědí, se to naučili, a prvním krokem bylo správné stanovení cílů.

Napište všechny své myšlenky na poznámky, naučím vás techniku, kterou úspěšně používám. Vystřihněte karty velikosti vizitky. Noste je v držáku vizitky. Když máte málo času, zapište si své cíle, poté je seřaďte podle důležitosti, přečtěte si je a během dne si je přečtěte co nejvícerát.

Podívejte se na ně velmi pečlivě, pohybujte pohledem z jednoho do druhého a zkuste vymyslet řešení. Hledejte řešení, ale ne s odstupem, ale s maximálním zapojením. Pokud to pomůže, myslete na to, že vám někdo zaplatí 1 000 $, pokud najdete nejlepší řešení. Že mu musíte okamžitě předložit řešení, které jste našli, a že vám zaplatí, jakmile bude řešení použito. Naučte se tak myslet jako poradce, i když jste v první fázi svým vlastním poradcem a zůstanete tak dlouho. Způsob, jakým si myslíte, vám ale pomůže přejít na jinou úroveň výkonu, chtít od sebe více a vyžadovat více od ostatních. Pro většinu je výdělek 1 000 $ za nápad více než výzva, je to standard, o kterém si možná nikdy nemysleli, že by ho mohli dosáhnout, zejména v mládí. Je čas, abyste takto začali uvažovat. Chcete-li se považovat za velmi cenného, vezměte v úvahu, že každý nápad, který máte, že každé vygenerované řešení vám může přinést 1000 dolarů. Uvidíte, jak začnete nabírat odvahu a začnete vytvářet stále více relevantních řešení. Mysl vstoupí do stavu kreativity, který vám umožní rychle se vyvíjet.

V jakémkoli oboru, který se rozhodnete jednat, je to docela obrovské. Vaše analýza musí být především schopna zacházet do podrobností. Musíte to rozdělit na subdomény. Musíte si všimnout svého individuálního výkonu v každé subdoméně. Zvažte, co je důležité, ale zaměřte se také na subdomény, které oceníte nejméně. Budete moci hrát pouze ve specializované oblasti a tento výkon přijde po dlouhém tréninku. Je to jako stavět přesýpací hodiny; aby písek mohl proudit shora, musíte nejprve postavit spodní část, když projdete polovinu, můžete již házet první prameny písku. Od té chvíle už můžete vidět výsledky své práce. Každý si bude myslet, že jste právě začali, neví nebo mu je jedno, že jste už postavili půl přesýpací hodiny. Každý si myslí, že tu půlhodinu někde najde, někdo ji dá jako dárek a hodí do ní písek. Abyste mohli postavit horní polovinu přesýpacích hodin, musíte si nejprve postavit dolní polovinu, a to musí být dokonalé, bez trhlin, protože jinak přes ni bude protékat veškerý písek.

Vyberte si oblast, kde chcete pracovat, a budujte první polovinu přesýpacích hodin, aniž by o tom někdo věděl, buďte seriózní a plně se zapojte do své práce. Pokud vidíte, že děláte dobrou věc, nastartujte své nadzvukové motory a udělejte to lépe a lépe; pokud to neděláte dobře, podívejte se, kde se mýlíte, a opravte se, dokud to nedokážete správně. Pochopte, že když budete mít celé přesýpací hodiny, budete si moci spočítat čas sami, budete schopni se vztahovat k vašemu času a vašemu úspěchu podle vašich vlastních slov, budete přesně vědět, co s časem dělat a jak cenný je je. Postavte si vlastní přesýpací hodiny a řekněte ostatním, jak čas plyne. Buď tím, kdo přináší změnu, ne tím, kdo se snaží změnu zastavit, nebo tím, kdo chce změnu zachytit. Tuto přesýpací hodiny potřebujete víc, než si uvědomujete, musíte ovládat nejdůležitější zdroj, konkrétně čas. Toto přesýpací hodiny jsou vyrobeny z čoček, jejichž velikost se mění v měsících a letech. Váš život bude takový, jaký si ho postavíte. Čas plyne tak, jak chcete, aby plynul.

V určitém okamžiku jsme si všichni rovni nebo máme dojem, že jsme si rovni, když jsme spolužáci, všichni sledujeme stejný program, ale není tomu tak. Formální vzdělávání je pouze jednou částí vzdělávání; mnohem důležitější pro mě je neformální vzdělávání, osobní rozvoj. Formální vzdělávání je rozdílné poté, co ukončíme určitou formu vzdělávání, ať už je to střední nebo vysoká škola. Formální vzdělání je to, co nám dává jasný směr poté, co máme diplom v ruce. Nejsme si rovni, protože jsme se na život nepřipravili stejným způsobem. Někteří do nich investovali, do svých osobních talentů a schopností, jiní se zajímali o to, být jen dobrými žáky nebo studenty a přijímat vysoké známky s přesvědčením, že jim nakonec přinesou uznání za zásluhy a osobní úspěch. Existuje několik studentů se známkou deset a mnoho mezi známkou devět a deset. Známka již není kritériem pro oddělování absolventů, je důležitá, ale není nejdůležitější. Nejdůležitější je vědět, jak řešit nové situace, umět řešit omezené zdroje a být produktivní a orientovaný na hledání řešení, i když jsou nekonvenční.

Svět, ve kterém žijeme, na nás vyvíjí tlak. To znamená více práce a méně odpočinku. Musíme však myslet na zdraví. Mnozí tomu nerozumí a pracují horizontálně a snaží se maximalizovat své úsilí. To vše nutí vést ke stresu, únavě a nemocem. Budete pracovat na 100% svého potenciálu, protože jste k tomu nakonfigurováni; Pokud chcete tento potenciál překonat a udělat více, musíte stoupat svisle, pracujte na 80% svého potenciálu, ale udělejte to mnohem lépe. Když to uděláte, budete mít produktivitu 160%. Pokud vylezete na jinou úroveň, získáte 240% atd. Tímto způsobem se vytváří bohatství, které vám nezlomí záda a nevyčerpá.

Kapitola V

Stanovení cílů by vám mělo přinést rovnováhu ve všech důležitých oblastech vašeho života. Stanovení cílů je nejdůležitější dovednost, kterou můžete mít. Protože lidé jsou většinou nevyvážení. Chápu, že si vybírají cíle pouze pro určité oblasti. Chtějí peníze a za to obětují svůj rodinný nebo osobní život. Chtějí se bavit a za to obětují svůj finanční, kariérní nebo rodinný plán. Všechny tyto plány jsou vzájemně závislé. Proto je jejich znalost a stanovení cílů pro každou oblast zásadní pro váš osobní rozvoj. I když máte správné cíle, můžete zvětšit své zdroje, ale ztratit ze zřetele například vztahy a přátele; Nakonec uvidíte, že se nebudete cítit naplněni - kostka, pokud jí chybí roh, není kompletní. Potřebuje všech 8 rohů, potřebuje dokonalé povrchy a pravé úhly. Celková úroveň výkonu není dána aritmetickým průměrem individuálního osobního výkonu. Je to dáno nejnižší úrovní výkonu. Pokud v klíčových oblastech a oblastech máme známku 9 a v určitém oboru, řekněme zdraví, máme známku 4, pak bude celý náš výkon na úrovni 4. Když tomu porozumíte, začnete k problému přistupovat jinak. Také se začnete opírat o věci, které neznáte, nebo o věci, které se vám moc nelíbí. Tímto způsobem postupně zvyšujete úroveň výkonu, což se projeví ve vysokém celkovém výkonu.

Je velmi důležité, aby naše cíle byly v souladu s naším způsobem bytí, způsobem myšlení a chováním. Nemůžete žít život někoho jiného, musíte začít žít svůj vlastní život, musíte začít přijímat sebe takového, jaký jste. Stanovte si cíle sami, nikoli cíle, které vám ostatní ukládají nebo navrhují. Nikdo nemůže vědět lépe než vy, co je dobré a co není dobré pro vás. Vy jste ten, kdo se zná v dobrých i špatných dobách. Pokud se dostatečně neznáte, je čas to udělat. Osobní rozvoj vám v tom pomůže. Vaše myšlenky jsou věrným obrazem muže, kterým jste. To, co od života chcete, ukazuje, jak jste uvnitř postaveni, protože vaše touhy jsou prioritami a důležitými věcmi ve vašem životě. Představuje hodnoty, které jste dodrželi. Máte-li pozitivní cíle a zapojujete řadu morálních a duchovních kvalit, pak jste takový člověk. Pokud naopak chcete žít bezstarostný život, nepracovat a hledat snadné způsoby, jak vydělat peníze, znamená to, že jste nepochopili pravidla, která vedou k úspěšným lidem. Úspěchu je dosaženo prací, budováním budovy krok za krokem, dokončením některých fází a začátkem dalších. Se spoustou úsilí a velkou vnitřní spokojeností. To je věc, ze které se buduje sebevědomí, snad nejdůležitější kvalita, po které můžeme toužit a kterou si můžeme šťastně dovolit.

Úroveň osobní spokojenosti je vyšší, když děláte to, co vám vyhovuje, v souladu s vašimi ideály a vírou. Když v něco opravdu věříte, pak je polovina úsilí od začátku zrušena, protože je převzata nadšením, vnitřní silou živenou obrazem konečného výsledku. Kdy jste naposledy pocítili osobní uspokojení? Kdy jsi byl opravdu šťastný, že jsi něco dělal, něco stavěl?

O těchto otázkách pečlivě uvažujte. Protože jsou nesmírně důležité. Právě jsme si zvykli na práci, radost trvá jen velmi málo. Pracujeme na tom, abychom něco dosáhli a nakonec uspěli. Radujeme se maximálně 30 minut, poté mysl začne budovat další strategie, tentokrát chceme víc a rychleji. Zapomínáme být opravdu šťastní. Užijme si vítězství. Pojďme se podívat na jeho podstatu, hluboký význam, pojďme se na to dívat jako na vnitřní vývoj. Budujme naši důvěru a až po skončení tohoto procesu bychom měli být připraveni obrátit další stránku a zahájit novou kapitolu v našich životech.

Podívejte se na lidi kolem sebe, jsou opravdu šťastní? Ne! Protože chtějí víc, chtějí mít víc a být více. Na tom není nic špatného kromě toho, že pokud se nenaučíte užívat si toho, co máte, a oceníte, kdo jste a jak jste se stali osobou, kterou jste dnes, nikdy nebudete šťastní a naplněni. Jakkoli se může zdát uvěřit chudému muži, bohatí mají také své problémy, často mnohem hlubší než problémy chudáka. I v tuto chvíli se můžete považovat za nesmírně bohatého muže; po celém světě existují oblasti, kde lidé hladovějí, kde nemají střechu nad hlavou a vyčerpáním pracují na něčem, co se vám může zdát bezvýznamné. Naučte se užívat si toho, co máte, i když toho moc nemáte. Noste tuto radost s sebou, ať jste kdekoli a uvidíte, že s úspěchy, které budete mít, budete šťastnější. Aristoteles řekl, že účelem žijícího člověka je být šťastný. Ale abyste byli šťastní, musíte vědět, jak být šťastní. Nestačí mít určité výhody nebo výsady zděděné nebo získané, musíte být schopni se smířit s tím, kdo jste uvnitř. Přijmout sebe takového, jaký jste, a stavět na své osobnosti, svých touhách a potřebách.

Budete moci pracovat tvrději, lépe as větší radostí, když uděláte něco, co vám vyhovuje. Mnoho lidí si vybralo určité povolání ovlivňované více či méně benevolentními třetími stranami. Takto přišli dělat věci, na dlouhou dobu nebo na celý život, co se jim nelíbilo, začali nenávidět určité povolání. Uvnitř byli nespokojení a závistivě se dívali na ty, kteří dělali to, co jim vyhovovalo a co rádi dělali. Stanovení cílů naštěstí funguje pro všechny. V každém věku se můžete rozhodovat, abyste byli šťastní. Vždy můžete začít studovat jinou fakultu nebo jiný obor. Můžete se stát velmi dobrými v tom, co se vám opravdu líbí. Až dosáhnete svých cílů, můžete si vytvořit obraz o sobě, kým budete.

Když si stanovíte své cíle, budete přesně vědět, co chcete dělat, protože máte vizuální obraz, který vytváříte. Tento obrázek se stává základem akčního plánu. Obraz se stává pevným bodem a strategie není nic jiného než pokus o dosažení tohoto pevného bodu. Je to základ, na kterém stavíte svůj úspěch. Ujistěte se, že tento obrázek je pro vás něco významného, jinak budete jen ztrácet čas a energii, abyste se dostali na místo, kde možná nebudete chtít být. Mnozí, z touhy být v trendu, chtějí věci, které se jim nehodí, které je nereprezentují a nedávají jim velké uspokojení.

Vaše cíle by měly odrážet vaše nejintenzivnější myšlenky a touhy. Musíte mít okamžik upřímnosti a odpovědět si sami, pokud jsou cíle, které jste si stanovili, skutečně to, co od života chcete, nebo jen lžete a máte radost z určitých výhod. Okamžik upřímnosti je okamžik, kdy se rozhodnete změnit spínač a jít požadovaným směrem. Okamžik upřímnosti přichází, pouze když máte pocit, že věci již nejsou možné tak, jak se věci mají. Cítíte, jak se sklenice plní poslední kapkou. Do poslední kapky byste mohli doufat, že se dá udělat ještě něco víc, dalo by se říci, že se stále můžete pokusit zachránit situaci, o které jste sami věděli, že to již není možné nebo že to již nestojí za záchranu. Když je sklenice plná, můžete se rozhodovat. Rozhodnutí mohou zásadním způsobem změnit váš život k lepšímu i horšímu. Ve chvílích napětí, které často přicházejí ve chvílích hluboké krize, se dělají ta nejšílenější rozhodnutí. Jejich úkolem je vyvést vás z vaší komfortní zóny a vést vás na cestě k úspěchu, ale mohou vás také odsoudit k zoufalým, iracionálním činům.

Kapitola VI

O sobní rozvoj je vaše šance. Stanovení cílů není nic víc a nic menšího než vytváření a ověřování strategií v reálných situacích. Neustálým stanovováním cílů získáte automatizaci. Budete schopni najít strategii pro každou situaci, ve které se nacházíte. Ať už ji použijete nebo ne, tato vytvořená a zejména písemná strategie se stává začátkem mnohem většího plánu, který zahrnuje více zdrojů a více výhod a úspěchů pro vás. Okamžiky krize, které se nevyhnutelně objevují v životě každého člověka, vás přimějí přejít na jinou úroveň. Budou pro vás jako studená sprcha, která vás okamžitě probudí z otupělosti a okamžitě se dostanete do práce. Budete vědět, jak okamžitě vytvořit nejlepší strategii, dát vše, co máte, aby tato strategie mohla být použita v příslušném čase a podmínkách. Zatímco ostatní si budou stěžovat a činit nejhorší možná rozhodnutí, zkratujete úrovně a máte šanci překonat bariéry, které by vás normálně udržovaly na místě měsíce nebo dokonce roky.

Okamžik upřímnosti je váš okamžik vnitřní síly, je to to, na co jste možná dlouho čekali. Je spouštěčem celého procesu vnitřní evoluce, je to okamžik, který jste nastavili jako začátek své cesty k úspěchu. Každý úspěšný muž zažil jeden nebo více takových okamžiků, ve kterých si jednoznačně uvědomil, že jeho život se musí okamžitě a zásadně změnit. Uvědomil si, že se musí vyvíjet, a proto byl ochoten pracovat a učit se nové věci. Jeho chuť pracovat a informace, které se naučil, rozšířily jeho perspektivu a zvýšily jeho dovednosti a schopnosti. Pouze tak uspěl. Prací. Úspěšní lidé se vydali touto cestou a bez jakéhokoli podmíněnosti řekli ano celému procesu vnitřní transformace.

Řekněte „ANO!" upřímně a jděte svou cestou. Řekněte „ANO" věcem, ve které věříte, a „NE" věcem, ve které nevěříte. Nebuďte falešní, nelžete si, neříkejte „ano" a myslete si „ne" - skončíte nešťastní, nenaplnění. Myslete dopředu na to, co chcete, promítejte se do budoucnosti a přemýšlejte o tom, jak bude vypadat váš život. Buďte realističtí - pokud se za rok promítnete, přemýšlejte o tom, kolik jste toho v minulém roce dosáhli. Nemůžete od sebe očekávat víc, než jste. Můžete překročit určité limity, ale pokud jste celý rok nic neudělali, nečekejte, že uděláte vše, co jste si předsevzali příští rok.

Podívejte se na své okolí, většina z nich nemá žádný cíl změnit svůj život k lepšímu, chtějí to dobré, ale nemají strategii, která by se hned teď uplatnila, nebo navíc již zahájili proces transformace. Pokud se pokusili narazit na první překážku, byli v pokušení udělat krok zpět a domnívat se, že ještě nejsou připraveni. Je to, jako by chtěl vstoupit do budovy, ale dveře jsou zavřené; zkuste dnes, zkuste zítra a pokud vidím, že to není otevřené, vzdejte se. Možná jsou dveře zamčené, možná přístup je jinde, možná se hledaná osoba přestěhovala jinam. Selhání začíná, když se vzdáte a neděláte nic jiného, než sabotujete sami sebe. Zkuste to první den, pokud jsou dveře zavřené, jděte domů a připravte si plán, hledejte informace, zavolejte a zjistěte více. Přijďte další den s plánem, zavolejte souseda a promluvte si s ním. Zastavte kolemjdoucího a požádejte o informace, možná něco ví. Policie jde do blízkého vyšetřování jejich touhy zjistit pravdu. Cenné informace většinou pocházejí od lidí, které náhodně potkáte. Tyto informace můžete propojit s tím, co již víte, a podle toho jednat.

Častou chybou, kterou člověk dělá, je to, že ve své touze stanovit cíl hodně komplikuje věci, vyjadřuje své touhy prostřednictvím mnoha zbytečných detailů a míchá témata cílů. To platí zejména v případě, že jsou stanoveny cíle. Myšlenky jsou vlivné a proměnlivé. To, co si dnes myslíte o cíli, může být způsobeno dobrým stavem mysli. Obdrželi jste dobré zprávy a cítíte se optimističtí a plní síly začít novou kapitolu svého života. Zítra můžete dostávat negativní zprávy a už nebudete cítit stejnou vnitřní sílu. Proto musí být cíle psány. To, co jste napsali, zůstává na papíře velmi dlouho, bez ohledu na to, jak se cítíte druhý nebo třetí den. Shrňte své cíle a přinutte se je psát několika slovy. Položte je na stůl před sebe. Podívejte se na ně. Nechte je tam celý den a sledujte je alespoň 10krát denně. Vizualizujte to a výsledek vašich akcí zaměřených na dosažení cílů. Vytvořte si věrohodný obraz, na který si můžete pamatovat co nejvíce bez ohledu na to, co děláte. Ať je to tapeta.

Stanovení cílů vám spolu se schopností jít za svými sny poskytne finanční stabilitu pro vás a vaši rodinu. Budete mít lepší život, protože budete neustále zvyšovat svoji hodnotu. Je důležité, abyste se finančně vyvíjeli. Existují bohatí lidé, kteří uspěli sami a dali svému bohatství smysl. Není špatné mít peníze, způsob, jakým je používáte, může být dobrý nebo špatný. Myslím si, že pro mnohé je chudoba považována za ctnost, ale není tomu tak vůbec. Můžete potkat chudé lidi, kteří jsou dobří, ale můžete také potkat chudé lidi schopné strašných věcí. Jediným problémem, když jste chudí, je to, že jste vystaveni vy a vaše rodina. Abyste nebyli vystaveni rizikům, potřebujete peníze, abyste se mohli pojistit. Pojistit si dům, pojistit auto nebo uzavřít zdravotní pojištění. Potřebujete dobrou finanční situaci, abyste ušetřili peníze, když vyděláváte dobře, pro okamžik, kdy možná nebudete vydělávat tak dobře a budete je potřebovat. Stanovování cílů je nyní možná nová věc, ale spolu s vedením byste se měli stát jedním z vašich nejdůležitějších spojenců na vaší cestě ke skutečnému úspěchu.

Stanovením cílů získáte více ze života v klíčových oblastech svého života. V Bibli se píše: „Zeptejte se a bude vám dáno.“ Pokud o nic nepožádáte, nic nedostanete. Pokud budete žádat o málo, budete dostávat málo a pokud budete žádat o mnoho, pak budete dostávat mnoho. Záleží na tom, jak měníme naše cíle. Pokud to uděláme správně, pokud nastavíme souřadnice správně, máme všechny šance, že naše mise bude úspěšná. Pokud lháme a překročíme souřadnice podceněním nebo nadhodnocením svých vnitřních schopností a pracovní síly, pak nebudeme schopni misi dokončit. Stanovení cílů kromě toho představuje: Jasné vidění cílů, ke kterým směřujete.

Nemůžete řídit auto, jehož čelní sklo je špinavé, nemůžete řídit auto, pokud je venku mlha, potřebujete skvělé dopravní podmínky, abyste mohli bezpečně řídit a dostat se do cíle. Čím lépe a jasněji uvidíte silnici, tím nižší je riziko nehody a vaše šance na bezpečnou jízdu. Mysl pracuje podle stejných principů, takže potřebujete tuto jasnost myšlení. Umět si vizualizovat přesně to, čeho chcete dosáhnout.

Vytrvalost a soustředění při jejich následném krok za krokem. Nestačí jen chtít, musíte sledovat výsledky. Následovat znamená zapojit se, být vytrvalý a stálý. Většina lidí začíná s velkým tempem a po krátké době je nadšení opouští. Vytrvalost je disciplína, kterou si vnucujeme a kterou chápeme jako naprosto nezbytnou.

Motivace neopustit cestu k úspěchu. Když jasně víte, co chcete, nemůžete být vyrušeni z vašeho cíle. Při hledání úspěchu potkáte mnoho dobrodinců, kteří se vás pokusí přesvědčit, abyste se vzdali. Budou vás soudit a půjdou tak daleko, že se pokusí prosadit jejich názory. Když víte, kdo jste a kam chcete jít, jakýkoli pokus přesvědčit vás, abyste se vzdali, vás učiní ambicióznějším pro udržení zavedeného kurzu.

Zpětná vazba je nesmírně důležitým aspektem, protože má úlohu opravit chyby v původním plánu.

Kapitola VII

Pokud jste dosud nedosáhli všeho, co jste chtěli, nebo alespoň některých důležitých věcí, znamená to, že jste k tomu neměli silnou motivaci. A pokud jste tuto motivaci neměli, znamená to, že nemáte dostatek disciplíny k tomu, abyste udělali tento krok k vašemu osobnímu úspěchu. Motivace nemůže být nikdy vnucena zvenčí, je to vaše vnitřní touha dosáhnout, je to víra, že jste schopni to udělat.

Kázeň, až do určité míry, může být vyvolána rodiči nebo učiteli, ale zde mluvíme především o sebekázni. Síla jít nad rámec toho, co nás těší nebo ne, a jednat v našich životech jako skuteční profesionálové. K tomu musíte dělat věci, které se vám nelíbí nebo se vám nelíbí méně. Největšími nepřáteli vnitřní kázně jsou pronásledování a potřeba soucitu. Život je těžký, nemáte čas si stěžovat a analyzovat, zda se máte dobře nebo méně dobře. "To je život." Jiní jsou v nepředstavitelně horší situaci než vy, stejně jako jiní s mnohem lehčí váhou na ramenou.

Přestaňte si stěžovat a považujte se za oběť - je to úplně špatná filozofie. Celý svůj život obrátíte ve stejný kruh a stanete se skutečně obětí, ale obětí svých vlastních nářků. Přijměte život takový, jaký je. Užívejte si toho, čeho dosáhnete, i když jsou to malé věci, ale snažte se je dělat dobře a soustřeďte se na ně od začátku do konce akce.

Než dosáhnete svých cílů, musíte znát všechny kroky, kterými musíte projít. Vypracujte strategii, nespoléhejte se pouze na svůj talent nebo talent zvládat nové situace. Budete nepříjemně překvapeni, když si všimnete, že štěstí netrvá často a že budete zavaleni situacemi, a bez plánu přijdete o důležité zdroje.

Plán je ten, který vás zachrání, i když to není nejlepší plán a většinou to tak není, ale dává vám určité směry, které můžete změnit v závislosti na realitě na místě. Bez artikulovaného plánu a předem navrženého se probudíte do neočekávané situace a pak se pokusíte něco vyřešit.

Je to jako jet na horu a plánovat úspěšný zážitek; proto si vezmete baterie, zápalky, ujistěte se, že je váš telefon nabitý, že máte plechovky, vodu, převlékání, pláštěnku. Horské dobrodružství může trvat jeden den a všechny tyto věci nepotřebujete, ale pokud vás na hoře zaútočí bouře nebo lavina a uvíznete, bez možnosti komunikovat, kde jste, bez vody, jídla a co je nutné přežít? Plán vám ušetří a náklady na prevenci jsou nekonečně nižší než úspory z krizové situace. Úspěšní lidé se toto všechno již naučili a život jim dal tvrdou lekci. Úspěšní lidé jsou příklady, které musíme následovat.

Nejlepší stratégové jsou ti, kteří již uspěli tam, kde se nyní snažíme. Musíte vědět, jakou úroveň osobní kvalifikace mají ti, kteří již uspěli. Jak velkou důvěru v ně můžete mít a jestli se můžete řídit jejich radami. Žijeme v neustále se měnícím světě. První knihu o rychlém čtení jsem napsal v roce 2009; Všiml jsem si, že mnoho věcí, které oznamujeme, že se dějí právě teď, jsme svědky nebývalého vývoje této techniky. Pamatuji si, jaké to bylo před 10 lety. Rodiče kupovali nové telefony a dávali svým dětem staré telefony, nyní si rodiče nechávají své staré telefony a kupují svým dětem chytré telefony a tablety. Trend se obrátil, nemohu ani pojmenovat určitou generaci telefonu, protože za dva roky se ti, kdo si tuto knihu přečtou, budou v koutku úst usmívat. Dva roky je obrovská vzdálenost, protože velké společnosti chtějí jít nad rámec a zabírat produkty, aby dobily trh.

Mám telefon, který jsem vůbec nepoužíval, je téměř nový, používám ho pro funkci rekordéru a pro poslech hudby. Když jsem si ji koupil, byl jsem tak nadšený, že jsem si myslel, že ji budu používat po mnoho let. Technologie a její rychlý pokrok změnily můj plán. Všechno se pohybuje úžasnou rychlostí. Kromě rychlého čtení, které je třeba procvičovat každý den, kromě vedení, které nám pomáhá stát se vlivnějším a využívat tento vliv, musíme stanovit správné cíle. Existují lidé, kteří to dělají neustále a jejich životy mluví o úspěších, které stále přicházejí. Jsou potvrzením, že metoda funguje pro kohokoli. Jsou to profesionálové, které musíme v životě sledovat.

Musíte být stejně dobří nebo dokonce lepší než oni, protože kromě kvalifikace mají také zkušenosti, aby mohli dělat věci dobře. Potřebujete obraz perspektivy, musíte myslet jako šachy, s několika pohyby vpřed, abyste viděli a cítili, jak se jev vyvíjí, a vypočítat jeho dynamiku a dopad na vás a vaše cíle.

Potkal jsem lidi, kteří si mysleli, že vědí lépe než kdokoli jiný, co je stanovení cílů. Jsou lidé, kteří jich jsou příliš plní, lidé, kteří se odmítají učit a kteří na krátkou dobu zvládnou výbuch ambicí nebo příznivou situaci, aby se dostali na vlnu. Začnou věřit, že vědí všechno a že se nemusí nic učit. Mohou vám říci o cílech SMART nebo o tom, jak důležité je psát cíle, ale technika stanovení cílů znamená mnohem víc než jen několik zásadních otázek.

Pokud se chcete stát velmi dobrým, chcete-li, aby vás vlna vedla co nejdále, chcete-li se naučit, jak být neustále na vlně a jak se můžete její silou dostat tam, kam chcete, pak máte po dobu, kterou si sami určíte, učinit ze stanovení učebních cílů prioritu. Musíte začít hledat všechny informace, které najdete, a začít vytvářet vlastní metodu. Všechny tyto informace musíte hledat pomocí svého systému myšlení a najít logické vlákno v informacích, které mohou být neprůkazné, protože vždy existují.

Pokud se vám to podaří, bude pro vás snadné mluvit o cílech. Umět uspořádat půlhodinovou konferenci před publikem o tom, jak je pro každého důležité stanovit správné cíle, nezbytné cíle, výkonnostní cíle. Uvidíte, jak budou ověřeny všechny vaše znalosti, nebo ne, až ostatní přijdou se svými vlastními zkušenostmi a budou souhlasit nebo nesouhlasit s tím, co říkáte. Musíte dostávat zpětnou vazbu od ostatních, protože jejich zkušenosti mohou být neocenitelné. Zároveň uvidíte, zda vám rady, které jste dostali, mohou pomoci nebo ne.

Chcete-li mluvit před lidmi, potřebujete odvahu; pokud existují lidé, které jste ve svém životě možná nikdy neviděli, bude to pro vás ještě těžší. Proto jsme v VALUE CULTURE představili veřejně mluvící část jako základní součást osobního rozvoje. Pokud chcete, budete se moci naučit a rozvíjet schopnost mluvit s ostatními.

Když hodně mluvíte, nudíte své okolí, i když máte dojem, že vše, co říkáte, je zajímavé. Proto potřebujete vědět, co říct, jak to říci a kdy to říci. Lidé nechtějí vědět, jak jste skvělí a jaké velké úspěchy máte, nestarají se o to. Chtějí jen to, aby čas strávený nasloucháním nebyl zbytečný, protože každý z nás si víceméně uvědomuje, jak důležitý je čas.

Po prostudování rychlého čtení jsem pochopil nesmírně důležitou věc. Skutečnost, že mysl posluchače myslí čtyřikrát nebo pětkrát rychleji než rychlost, kterou člověk mluví. Po celou tu dobu mysl sní. Pokud řeknete něco hloupého, bude vás soudit pětkrát rychleji a bude na vás mít pětkrát silnější dojem. Okamžitě vás katalogizuje a ztratíte jeho zájem a respekt.

Vaše mysl funguje stejně, když se ji snažíte přesvědčit o určitých věcech. Využijte to ve svůj prospěch. Nemluvte, nemíchejte věci, ale vždy se snažte být jasní a struční. Naučte se psát cíle na kousek papíru a tento list noste s sebou, ať jste kdekoli. Nepište příliš mnoho cílů. Stanovte si některé klíčové body a nechte svou mysl snít.

Kapitola VIII

Č ím déle mysl sní, tím jasnější a snazší je vizualizovat si sny. Pokud si chcete postavit dům na pozemku, který již máte, můžete si prohlédnout procházku po domě, můžete si vytvořit svůj plán a můžete si podrobně prohlédnout každý kout svého domu. Uvidíte, že jakmile se pustíte do práce, bude to mnohem snazší. Vize bude ta, která vám pomůže najít energii, abyste mohli pokračovat, i když projdete složitějšími časy. V každém procesu jsou tak obtížnější období. V každém procesu jsou okamžiky, kdy vše jde lineárně, jak jste očekávali, a okamžiky, kdy máte pocit, že cokoli, co nemůžete, nemůže posunout dál. Vizualizační cvičení lze aplikovat na všechny důležité oblasti vašeho života.

Uvidíte, že po takovém cvičení budete mnohem více motivováni do práce. Cítíte, že máte v sebe mnohem větší důvěru a že bez ohledu na to, co si ostatní myslí, budete přesně vědět, co dostanete.

Rozdíl mezi těmi, kteří v životě uspějí, a těmi, kteří jsou spokojeni s tím, že dělají věci na povrchní úrovni, je rozdíl vize na jejich vlastních cílech. Každý začíná touhou dělat co nejvíce a co nejlépe. Profesionálové začínají budováním struktury, shromažďováním důležitých prvků, zatímco ostatní lpí na drobných věcech, čehož lze snadno dosáhnout v naději, že si časem najdou „čas" na nejdůležitější věci. Ten čas nikdy nenajdou, ve skutečnosti je všechno jen výmluva, aby neuspěli. Přes všechno, co dělají, většina z nich sabotuje svůj úspěch. Na jedné straně si nemyslí, že je dost možné uspět, na druhé straně je pro ně pohodlnější být takový, jaký jsou. Jsou věčnými kandidáty na úspěch, ale nesnaží se složit přijímací zkoušky na školu úspěchu. Připravují se nebo předstírají, že se připravují na to, že se cítí důležití, dávají důležitost skupině, kde jsou, přednášejí, jsou to specialisté nebo tak tvrdí, ale pokud jim život nabídne příležitost vyvinout se, raději sedí v pohodlí pásmo.

Ti, kteří uspějí, začínají se spoustou nadšení, pokračují ve stejném nadšení a dokážou si je vytvořit každý den. Jsou schopni překonat méně příjemné věci v životě a uvědomit si, že pokud něco nedělají, nikdo to za ně nepřijde. Každý je zodpovědný za svůj život, každý může změnit, pokud chce, směr, kterým jde. Všechno to začíná vědomím sebe sama a škálou hodnot, na které odkazujete. Pokud máte vysoké hodnoty, máte šanci dosáhnout důležitých věcí; pokud jsou vaše hodnoty průměrné, soustředíte se pouze na průměrné věci, na uspokojení osobních potěšení a spotřebovávání zdrojů. Čím více si vypěstujete silnějšího ducha, tím větší budou vaše šance na úspěch. Možná jste tomu nikdy nevěřili, ale čtení je jedním z nejsilnějších spojenců při stanovování cílů, protože vám dává tu zvláštní perspektivu, že přístup k základním hodnotám, které vám pomohou vyvíjet se mnohem rychleji a mnohem více než ti kolem vás. Pokud jste měli to štěstí, že jste se naučili rychle číst, odvahu cvičit každý den a vůli přečíst co nejvíce knih, vaše šance se postupně zvyšovaly s vaší touhou uspět v dosažení stanovených cílů.

Kráčel jsem po ulici a byl jsem zastaven jedincem, který nervózně vyšel z obchodu. Požádal mě o cigaretu a omluvil jsem se, že ji nemám, pak jsem mu řekl, že jsem rád, že nekouřím. Řekl mi, že se také pokouší přestat kouřit, ale bohužel déle než dva dny nemohl bez tabáku přežít. Po cestě domů jsem na ten incident stále myslel a pochopil jsem, že vytvořený zvyk je velmi těžké odstranit; musí být nahrazen jiným nebo zablokován v mozku. Kouření není jen zvykem, ale pro mnohé je možnost interakce s jinými kuřáky. Kouření je potěšením; ráno je u kávy vítána cigareta. Když se člověk chce vzdát, musí se vzdát všech návyků, které kouření přináší, nebo pokud nemáte silnou motivaci nebo pokud nenajdete náhradu, boj je již ztracen.

Na konferencích jsem dostal otázku, zda by si někdo mohl stanovit cíl přestat kouřit. Odpověď byla ano. Strach nebo odpor jsou dvě z nejmocnějších zbraní, pomocí kterých dokážeme zastavit svěrák, který vydrží roky. Potkal jsem lidi, kteří přestali kouřit poté, co jsem viděl špatné testy, které měli. Strach ze smrti, strach z nemoci je přiměli změnit své priority, dodržovat jinou škálu hodnot, začali jíst zdravě, začali cvičit a tímto způsobem se mnozí uzdravili. Jiní přestali tolerovat cigarety a cigaretový kouř poté, co si uvědomili, že tělu škodí. Odpor vzešel z vnitřního procesu analýzy. Vážná diskuse s vnitřním já, přístup k realitě, ve kterém nebyl žádný svědek, ale pouze osoba a hlas svědomí.

Stanovení cílů přichází po takovém interním procesu analýzy potřeb a zdrojů, které máme. Víme, co chceme, podle toho, kolik jsme toho měli nebo kolik máme teď. Stanovení cílů, které jsou mnohem větší, než můžeme reálně dosáhnout, vede k sabotáži celého procesu, protože nikdy nebudeme skutečně věřit, že je to možné, budeme lhát, že můžeme, a hluboká a trvalá změna nemůže začít lží, ale pouze pravdou .

Všechno, co komunikujeme, musí být snadno srozumitelné, takže musíme mít jasnou vizi pro lidi kolem nás, ale zejména pro nás. Říkali jsme, že jsme vynikající komunikátoři, ale je to tak skutečně? Jsme schopni vyrobit dezert pouze ze 4 ingrediencí? Měl by být tento dezert dobrý a oceněn porotou špičkových kuchařů? V televizi jsem v pořadu viděl dva konkurenty, kterým se to podařilo. Jsme také schopni vyjádřit 4 slovy, co chceme? Měli bychom hledat přesně ta správná slova k vyjádření nejsilnějších tužeb přeložených do cílů? Pokud se nám to podaří, pak můžeme říci, že umíme komunikovat.

Jsme zvyklí plýtvat. Podíváme-li se na moderní společnost, uvidíme, jak ztratila veškerou úctu k přírodě a dědictví, které bychom měli zanechat svým dětem. Plýtváme co nejvíce, myslíme jen na dnešek a na to, jak uspokojit co nejvíce osobních potěšení. V protiváze je tak málo lidí, kteří bojují, že tyto ideály lze uplatnit v praxi, a jejich hlas je tak těžko slyšet kvůli hluku vytvářenému těmi, kdo chtějí a chtějí víc.

Plýtváme jídlem, i když v jiných částech světa lidé hladoví. Plýtváme energií, vodou, teplem. Stanovení cílů by nás mělo naučit být skromnější v tom, co od života chceme. Nepotřebujeme úplně všechno, co si myslíme, že potřebujeme. Podívejte se do své skříně a podívejte se na oblečení, které jste nepoužili nejméně dva roky. Pokud je nenosíte tak dlouho, určitě je nenosíte příliš brzy. Koupili jste si jiné oblečení, které se vám zdá vhodnější; a přesto jsou skříně plné oblečení. Měl jsem takový zážitek, když jsem se musel hýbat a viděl jsem, kolik věcí se musím vzdát. Tehdy jsem pochopil, že k životu potřebujete jen pár věcí, které jsou vám drahé nebo nutné okamžitě. Že si můžete dát do dvou kufrů pár šatů a pár věcí drahých vaší duši a můžete si je vzít od začátku kamkoli jdete na tomto světě.

Je to jen iluze, že potřebujeme vše, co máme. Abychom byli šťastní a naplněni, potřebujeme tak málo! Ale musíme vědět, kdo jsme!

Budeme vědět, kdo jsme, pokud si zvykneme neustále vést upřímný dialog sami se sebou. Pokud přestaneme věřit, že jsme příliš velcí nebo příliš malí. Přijměte realitu. Bylo pro mě nesmírně obtížné to přijmout. Neúspěchy, které jsem zažíval, mi ukázaly, že existuje rozpor mezi tím, čím jsem si myslel, že jsem, a tím, čím ve skutečnosti jsem. Diskuse se mnou ve chvílích klidu a internalizace mi poskytly nový pohled. Uvědomil jsem si, kde jsem se mýlil, a začal jsem studovat a číst knihy o osobním rozvoji. Chápu, že existují jednodušší způsoby, jak zajistit, aby věci šly správným směrem. Pochopil jsem, že zvládnutí všech těchto technik vyžaduje práci a oběť. Přijal jsem tyto věci a zapojil se do svého osobního rozvoje.

Tak jsem přišel uspořádat informace, které jsem četl v tom, čemu jsem říkal VALUE CULTURE. Pochopil jsem, jak důležité je být upřímný a převzít roli vůdce hry, dokonce převzít roli osoby, která pojímá soubor pravidel, podle nichž se hra odehrává. V tu chvíli jsem pochopil, že už si nemusím stěžovat a že se musím vážně pustit do práce; mluvit až poté, co mám výsledky, nebo spíše nechat výsledky mluvit za sebe.

Kapitola IX

N ejvětší poučení v našich životech pocházejí z našich neúspěchů. Toho se nemůžeme zbavit. Abychom porozuměli selhání a příčinám, které jej generovaly, potřebujeme pozitivní a oddělené myšlení. Překonejme přirozený pocit bolesti, který přichází s neúspěchem, pocit rozpaků nebo degradace, a začneme stavět na zpětné vazbě, kterou jsme dostali. Možná by to měla být jedna z ústředních myšlenek knihy, kterou bych měl co nejčastěji opakovat: ať se nám to líbí nebo ne, protínáme se s neúspěchem, poučíme se z této zkušenosti a pak se vydáme znovu ve snaze o úspěch, ale tentokrát s další důležitou lekcí.

Když si stanovíte cíle, očekávejte úspěch, ale vyzbrojte se trpělivostí a odvahou, abyste se dokázali vyrovnat s neúspěchem. Pro mnohé by neúspěch měl být jen krok zpět, aby znovu zvážili situaci. Vaše cíle musí být nesmírně snadno pochopitelné, aby nebylo možné, že by je vaše vědomá nebo podvědomá mysl špatně interpretovala. Pokud někdo není schopen něco vysvětlit, nikdo nechápe, co chce tato osoba sdělit. Pokud nevíte jasně, kam chcete jít a co chcete dělat, jaká jsou vaše očekávání do budoucna?

Podvědomí potřebuje informace, je to palivo, se kterým pracuje. Správná informace se silným emocionálním substrátem je ta, která prochází vědomou přehradou a dosahuje podvědomí. Pokud tato informace nese pozitivní zprávy s okamžitým dopadem na náš život, promění se v pozitivní příkazy a náš život se začne okamžitě měnit. Po měsíci se z jakéhokoli chování stane zvyk. Pokud začneme myslet pozitivně a pochopíme, že vždy existuje příčina a následek, že všechno se děje z nějakého důvodu a že myšlení je kreativní, pak se náš život změní a bude se ubírat směrem, kterým chceme.

Stanete se tím, čím si myslíte, že se stanete. Pokud změníte své myšlení, zásadně změníte i svůj život. Zapojte se a berte výzvy vážně. I když nemají velký podíl, snažte se být tak vážní, jak můžete. Když hrajete hru, dělejte to z jasného důvodu, abyste ji vyhráli. Nastavte svou mysl tak, že až začnete něco dělat, budete moci dát ze sebe maximum a něco jiného navrch. Zdvojnásobte svou intenzivní touhu jasným, realistickým myšlením a občas kritickým přístupem.

Mnoho lidí se zajímá o stanovení cílů z jednoho prostého důvodu, a to, že chtějí udělat více pro sebe a své děti. Chtějí pro ně lepší život a za to jsou schopni dělat, co je možné. Každý chce to, co je pro jeho děti nejlepší. Tímto způsobem rozumějí pomoci svým dětem. Viděl jsem to, když jsem zahájil svou misi rozvíjet a podporovat rychlé čtení, protože stále více lidí začalo klást otázky o této metodě a o tom, jak mohou naučit své děti rychle číst. Gratuloval jsem jim a povzbudil je, aby na této cestě pokračovali. Existují lidé, kteří pochopili, že škola jim tuto šanci nenabízí a že je jejich povinností učinit tento krok, který se může ukázat jako zásadní ve vzdělávání jejich dětí. Jak dobré by bylo, kdyby takhle začalo přemýšlet stále více lidí.

Stanovení cílů může být pro rodinu velkou zábavou. Cíle mohou být sdíleny s celou rodinou, může být vytvořen panel, do kterého lze vložit lístky s těmito cíli. Lístky lze obarvit nebo vystřihnout z časopisů s obrázky věcí, které chce rodina získat. Sdílení cílů a rozhodování v rodině má za cíl přiblížit členy rodiny a porozumět obětem, které všichni musí přinést. Je důležité, aby rodič vysvětlil, že všechno má svou cenu, a pro děti je důležité si uvědomit, že za každou věc na tomto světě je určitá cena. Čím dříve to pochopí, tím více ocení, co se jim nabízí.

Kapitola X

Úspěšní lidé se rozhodnou přezkoumat své priority a vrátit se ke studiu. Nejde nutně o formální vzdělávání, ale o studium v oblasti osobního rozvoje. Čím více si uvědomíte, že je to šance, kterou nesmíte nechat ujít, tím rychleji se začnete vyvíjet a získávat ve všech klíčových oblastech svého života. Důkladné studium vám poskytne všechny cenné informace, které potřebujete. Čím více se rozhodnete číst více a rychleji se učit, tím více se vaše dovednosti zvýší. Myslím, že kniha, kterou se rozhodnete číst každý den, vás přeskočí tak daleko, že ani vy si neuvědomíte, jak rychle se vyvíjíte. Mysli na to, že se lidé rozhodnou číst pouze jednu knihu ročně. Tak málo, i když ve skutečnosti by měl člověk číst milion slov týdně, aby držel krok s vývojem technologií a informací. Jeden milion slov za minutu znamená 20 knih týdně nebo 3 knihy denně. Vím, že se to zdá nemožné, ale pokud se naučíte rychle číst a začnete v tomto oboru dosahovat velkolepých výsledků, můžete si přečíst 3 knihy denně za pouhých 30 minut. Těchto 30 minut můžete získat tím, že se vzdáte pasivního období před počítačem nebo budete ztrácet čas na sociálních sítích.

Když nemáte na výběr nebo si nechcete vybrat, život vás zavede tam, kam chce. Vzdáte se kontroly a driftujete jako opuštěná loď, která nakonec zasáhne nějaké kameny nebo zahyne v bouři. Musíte si vybrat, kam chcete jít, musíte vědět, kde jste a jak moc se chcete vyvíjet. Život je plný lidí, kteří se tak či onak vzdali. Lidé, kteří nechtěli víc pro sebe a své rodiny. Lidé, kteří si mysleli, že bojovali dost tvrdě a že by si už neměli dělat starosti. Tímto způsobem, aniž by věděli, že to dělají, přenesli kontrolu na ostatní nebo na nikoho.

Pokud máte na výběr, můžete si vybrat dobře nebo méně dobře, ale budete vědět, že jste to vy, kdo si vybral, a za své volby převezmete odpovědnost. Neexistuje žádný věk, kterého bychom se měli vzdát; když jste mladí, musíte studovat, později musíte bojovat, abyste vytvořili rodinu a situaci, a ve stáří, abyste si mohli užívat vnoučat. Budete odpovědní ve všech fázích svého života. Nikdy by vám neměly docházet cíle, bez plánu, i když víte, že jste udělali vše pro své okolí, že jste staří a váš čas se blíží ke konci, musíte přemýšlet o tom, jak udržet věci v pořádku poté, co už nebudete. Na vašich bedrech to bude vždy velká zodpovědnost. Nebudete čelit této odpovědnosti, pokud nemáte velmi dobře naplánovaný plán.

Bez ohledu na to, jak se rozhodnete, pokračujte a nevzdávejte se, protože život se nechá porazit a život vás vezme opačným směrem, než ve co opravdu chcete a v co doufáte. Existuje dostatek lidí, kteří prohrávají, můžete prohrát nebo se můžete vzdát toho, co pro tuto chvíli máte, ale ten okamžik je jen zlom, ve kterém musíte nabrat sílu, abyste mohli jít dál. Nic by vás nemělo nechat navždy porazit. Dokud jste na tomto světě, máte povinnost pokusit se bojovat. Úspěch je pro ty, kteří to tolikrát zkoušejí, dokud neuspějí. Buďte jedním z nich. Zjistěte, že bez ohledu na to, kolikrát to zkusíte, je opravdu důležité uspět. Budete úspěšní, pokud najdete vnitřní sílu doufat a věřit v sebe. Bez ohledu na to, co se stane, máte tu víru, která vám dá veškerou energii, kterou potřebujete, abyste pohnuli srdce lidí kolem vás a přiměli je sdílet vaše ideály. Pokud se vám podaří přiblížit své lidi, nakonec uspějete. Pro vás samotné to bude nesmírně obtížné, ne-li nemožné.

Pozitivní myšlenky a pozitivní návyky vám poskytnou stav duševního pohodlí, zatímco negativní myšlenky vytvoří duševní nepohodlí a stav strachu. Hodně záleží na tom, jak se rozhodnete myslet; nemusíme si vždy být vědomi síly svých myšlenek, ale existuje, projevuje se v každém okamžiku. Pozitivní myšlenka nebo dobrá zpráva má změnit vaši náladu, stejně jako špatné zprávy způsobují, že se cítíte špatně. Myšlenky jsou stavebními kameny našich pocitů; mohou nás přimět, abychom se cítili vítězně nebo zbaběle. Vítězové nebo oběti. Musíme co nejvíce udržovat pozitivní myšlení a snažit se omezit negativní myšlenky, které mají tendenci sabotovat náš úspěch.

Když spojíme dva způsoby myšlení, ztratíme motivaci, protože strach je silnější a to nám brání v cestě k úspěchu. Strach nás může ovládnout, i když je ve stejném poměru jako odvaha. Podlehneme strachu rychleji, než najdeme sílu jít dál. Nakonec je to přirozené, ale je naší povinností kontrolovat tok myšlenek, které máme. Jsme jediní lidé, kteří to dokážou. Nikdo jiný není schopen ovládat naše myšlení. Pokud si uvědomíme, jak důležité je pozitivní myšlení při dosahování cílů a že dokážeme vyšplhat vzestupnou spirálou k úspěchu při stanovování cílů, pak budeme mnohem pozornější k tomu, co si myslíme.

Jakýkoli plán začíná skládat obraz, o kterém věříme, že je dokonalý, ale ani zdaleka není dokonalý. Toho dosáhneme, jakmile plán provedeme. Vždy to bude hlavní problém, který nás donutí změnit velikost zdrojů přidělených původnímu plánu a většinu času přidělit nové zdroje. Všiml jsem si, že nás to obvykle stojí dvakrát tolik, než jsme si původně mysleli.

Při stanovování cílů si položte otázku:
- Co je za problém?
- Kde je problém?
- Co tento problém zahrnuje?
- Co tento problém nezahrnuje?
- Kdy k tomuto problému dojde nebo ne?
- Co se změní, když nastane tento problém?
- Jak dlouho můžete tomuto problému odolat, pokud jej nevyřešíte?

Kapitola XI

Zmatek je to, co snižuje náš výkon a přímo ovlivňuje naši schopnost soustředit se. Vidíme lidi kolem nás běhat několika směry, rozjíždět několik projektů, které opouštějí a rozbíhají další a tak dále, dokud se vyčerpaní nevzdají a neobviňují, aby ospravedlnili své vlastní selhání, na různých faktorech, na různých lidech nebo jednoduše řekli, že jsou bez štěstí.

Štěstí také dělá člověk a než se o viníky postaráte, může být lepší podívat se na to, jak jsou organizovaní, počínaje místností, kde spí, a myšlenkami, které vydávají jako práci. Rádio, které vysílá 24 hodin denně , 7 dní v týdnu. Kolik organizace je v přibližně 60 000 myšlenkách, nejčastěji se opakujících, které má člověk za den?

Nepořádek ve vašich myšlenkách je vážnou překážkou při navrhování strategie, při stanovování jasných cílů a termínů, které je třeba dodržet. Lidé mají obvykle nezdravý zvyk nechat vše na posledních sto metrech. Pokusit se trochu nebo více podvádět, ale život nelze podvádět, mnohokrát. Život má svou vlastní škálu hodnot a své vlastní zákony a člověk, který je nezná, bude dříve či později trpět.

Stanovení cílů začíná uvedením našich vlastních myšlenek do pořádku. V osobním rozvoji je dezorganizace silným negativním faktorem, protože když nemáte jasný cíl, když jsou vaše myšlenky rozptýleny, je pro vás velmi obtížné se zorientovat a dostat se do bodu, který chcete.

Když nevíte, jaké jsou vaše cíle, nemáte žádný směr, všechny silnice vás dovedou na stejné místo a to může být pouze neúspěch. Selhání je místo, kam nikdo nechce jít, ale kde většina lidí končí silou okolností, z nevědomosti nebo jednoduše kvůli své vlastní hlouposti.

Pokud chcete pořídit snímek a nemůžete zaostřit ručně nebo fotoaparát nezaostří, je obraz rozmazaný. Bez ohledu na to, jak krásný je obrázek, který chcete zachytit, budete moci zachytit pouze některé rozmazané tvary. Při každém pořízení takové fotografie jsou lidé zklamáni, když sledují doma na počítači, co zařízení zachytilo. Každý z nás tyto rozmazané fotografie odstraní. Myšlenky, které jsou rozostřené, mají na mysl přesně stejný účinek jako zamlžené fotografie. Bez ohledu na to, jak velká jsou naše přání, nebudou mít konec, pokud nebudou jasná, pokud nebudou přesně definována.

Uvědomte si, že pokud provádíte úkol, za který jste placeni, nepřijali byste do ruky něco, co vypadá jako peníze. Pečlivě byste otevřeli oči a zkontrolovali, zda ty papíry ve vaší ruce jsou peníze a jestli jsou dost.

Věci, které nejsou definovány, nemají žádnou hodnotu. Jsou pro vás k ničemu; proto je důležité soustředit se jako laser a stanovit si důležité cíle krok za krokem. Pokud jde o vaši práci, energii, kterou jste spotřebovali, a čas, který jste investovali, prohlašujete, že jste placeni v její skutečné hodnotě a že jste řádně oceněni. Nechcete nic nechat bez dozoru. Je to ve vašem nejlepším zájmu a víte to, nechcete se nechat oklamat a bojovat za svá práva. Co se ale stane, když dojde na celý váš život? Proč, pokud jde o peníze, jste mimořádně opatrní a soustředění, a pokud jde o stanovení cílů, které mají moc změnit celý váš život, ztratíte toto zaměření?

Pokud by za vámi někdo přišel a nabídl vám 100 $, nyní bez jakýchkoli podmínek, nebo 200 $ zítra v určitou dobu a na určitém místě, co byste si vybrali? Říkám vám, že většina lidí by si hned vybrala sto dolarů a šla by je utratit. Tato stovka představuje peníze, které nebyly vydělány nebo vydělány příliš snadno a snadno se utratí. Málokdo by měl perspektivu zítřka a vybral by si druhou možnost; ti lidé, kteří by si vybrali 200 dolarů, jsou lidé, kteří si v životě stanovili takové či onaké cíle. Existují lidé, kteří vědí, že k získání něčeho důležitého potřebujete trpělivost. Naučili se čekat na výsledky a zapojit se do dosahování cílů, které si stanovili.

V životě potřebujete veškerou sílu, abyste se mohli soustředit, abyste uspěli. Jasné cíle, cíle, které se rozhodneme zasáhnout, nesmí být příliš daleko, musíme je dobře vidět a mít výcvik k zasažení co nejblíže středu. Když jsem poprvé vystřelil profesionální luk, přestože jsem měl na mysli svou techniku a někdo mi ukázal, jak držet luk, jak vystřelit šíp a jak ho uvolnit, narazil jsem na zem několik metrů před cílem, další dva údery byly všechny do země, pak čtvrtý byl vysoko nad. A pátý a šestý zasáhli cíl ve vnějších kruzích. Uvědomil jsem si, že potřebuji hodně trénovat, abych mohl střílet a zasáhnout cíl uprostřed. Když jsem poprvé pustil šíp, lano mě zasáhlo přes ruku, bylo to bolestivé, ale naučil jsem se položit ruku výše, aby nezasahoval do napnutého lana, které se proměnilo v bič. Tato zkušenost mi ukázala, že zpočátku nemůžete uspět, ai když jsem věděl, co chci dělat, a byl jsem motivovaný, potřeboval jsem více praxe.

Mnoho lidí je v krizových podmínkách nuceno dělat určité věci, které by za normálních okolností nikdy neudělali. Život je staví do takových situací. Jsme v pokušení, že večer, než usneme, chceme více na další den, abychom si mysleli, že další den nám přinese více šancí a příležitostí, a když se ráno probudíme, chceme pokaždé, pokud je to možné, dělat méně než včera, více odpočívat a vkládat své touhy do budoucnosti.

Když vám dojdou zdroje, začnete shromažďovat veškerou energii, kterou musíte bojovat, abyste vstali; pokud jste to doposud provedli několikrát, bude pro vás snadné znovu vyvážit a zvýšit hodnotu. Pokud jste se nyní probudili poprvé a chcete znovuobjevit sami sebe a vyvíjet se z osobního hlediska, bude to pro vás nesmírně obtížné. Je to náročný proces, ale nakonec vás po spoustě práce a odhodlání náležitě odmění.

Kapitola XII

Jedno z tajemství, které jsem se od Briana Tracyho dozvěděl, je to, že člověk nadhodnocuje, co dokáže za měsíc, ale podceňuje, co dokáže za rok.

Když jsem to četl, souhlasil jsem s ním, stejně jako s tolika dalšími věcmi, které jsem zjistil a nechal někde v paralelní myšlenkové rovině vyvinout se. Po chvíli jsem se k této myšlence vrátil a pochopil jsem, že si musím stanovovat cíle na celý rok. To jsem udělal. I když jsem v prvních 6 měsících nedělal příliš mnoho věcí a nebyl jsem na sebe příliš hrdý, všiml jsem si, jak jsem za posledních 6 měsíců byl tak produktivní, že jsem se zotavil z předchozího období. Toto zlaté pravidlo mi dodalo odvahu stanovit si cíle na tři a pět let.

Problém je v tom, že chceme dělat věci velmi rychle a velmi dobře a přeskočit okamžik, kdy nápad vyklíčí, protože nápad potřebuje čas, aby získal sílu. Pochopil jsem to a zvládl jsem to, a od té doby je všechno mnohem jednodušší.

Pochopil jsem roli období, ve kterém musíte myslet na celou strategii, konkrétně na hledání odpovědí na otázky, které nás nová výzva nutí klást si. Proč se tyto věci stávají? Myslím si, že pro jednoduchou skutečnost, že jsme se drželi stupnice hodnot, jsme tuto stupnici hodnot zvládli a věříme v ni. Je to důležitá součást toho, kdo jsme, a ve všem, co děláme, se vztahujeme k principům ak sladění našich akcí s těmito principy. Když začneme dělat něco nového a nejsme sami přesvědčeni o správnosti kroků, které budeme následovat, budeme jednat ze setrvačnosti. Něco nebo někdo nám čas od času dá další impuls a od toho impulsu půjdeme pár metrů. Jakýkoli krok vpřed je dobré udělat, ale za těchto podmínek nikdy nebudeme schopni konkurovat šampionovi na 100 metrů. Abychom mu mohli konkurovat, musíme toužit po vítězství stejně jako on. Musíme se přesvědčit a snít o tomto vítězství. Musíme chtít především to vítězství. Pokud se nám podařilo přesvědčit sami sebe o cestě, kterou musíme jít, pak budeme ochotni bojovat a dát vše, co je v našich silách, abychom uspěli. Není to snadné, ale toto je jediná skutečná cesta k úspěchu.

Čelíte výzvě a chcete ji za každou cenu vyhrát, zejména proto, že je ve vašich silách to udělat. Nemusíte spěchat, pokud jste to předtím neudělali a nevyhráli, pokud znáte cestu do cíle a pokud jste se ujistili, že máte sílu to udělat znovu. Pokud ne, musíte si dát pauzu a připravit se na to, co nikdo nechce dělat, což je začít si všímat, co se kolem vás děje. Shromážděte nejlepší informace a začněte vytvářet strategii. Může vám to trvat dlouho, ale každá minuta, kterou strávíte sestavováním strategie, vám ušetří dalších 10 minut akce. Proto je tak důležité nespěchat, několikrát měřit a jednou stříhat. Protože jakmile přestřihnete, je velmi obtížné dělat cokoli jiného. Zničili jste materiál, nebo jinými slovy, ohrozili jste šanci uspět v tomto projektu nebo výzvě.

Přemýšlejte o dlouhodobé strategii a nespěchejte hned, abyste dosáhli výsledků. Pokud je výzva dostatečně velká, bude vás vyžadovat intenzivně. Budete muset spotřebovat značné zdroje času, peněz a energie a budete muset vzít v úvahu určité náhodné faktory, které vás donutí vrátit se nebo se odchýlit od cesty, kterou jste nastavili. Vaším hlavním cílem je dosáhnout cíle, dosáhnout svých cílů a nepřijímat malá vítězství. Neuspokojte se s trochou, ale pamatujte pouze na konečný cíl, o kterém nepochybujete, že když dosáhnete, nepochybně víte, že jste uspěli. Zažijete pocit štěstí, který zažijí pouze šampioni v jakémkoli terénu, protože díky tomu se také stanete šampionem.

Je dobré si stanovit cíl na delší časové období, ale nedívejte se na něj jen tak, protože při pohledu do dálky se nebudete moci soustředit na kroky, které vás tam zavedou, a narazíte. Je dobré znát směr, kterým se chcete vydat. Zastavte se čas od času a uvidíte, jak daleko musíte jít, abyste dosáhli svého cíle, ale vaše oči, pozornost a energie musí být zaměřeny na další krok, na další fázi musíte jít. Další krok vyžaduje, abyste byli schopni dokončit všechny své fyzické a intelektuální schopnosti. Brian Tracy mi ukázal, jak důležité je plánovat a stanovovat termíny. Tuto informaci jsem četl a znovu četl v desítkách knih. Když jsem četl knihu Briana Tracyho, nedozvěděl jsem se nic nového, ale způsob, jakým to vysvětlil, se dostal do mého srdce. I když moje mysl tuto informaci znala, jeho slova vyvolala bouři nápadů a po té bouři bylo vše jasnější. Je pro mě těžké to vysvětlit, protože to bylo něco intenzivního. Cítil jsem se zapojený a oddaný tomuto tématu. Nebylo nutné chodit na jeho semináře, mluvit s ním, osobně ho znát, ale cítil jsem, jak chápu podstatu nápadu. Tak se mi daří dělat vše, co jsem si předsevzal, a udržovat si docela nabitý program.

---

1. Odložení rozhodnutí je zásadním problémem při stanovování cílů. Většinu odrazuje, když musí zahájit novou životní etapu.

KDYŽ SE VĚCI ZKOMPLIKUJÍ a uvědomíme si, že jsme přemoženi situací, máme chvíli odvahy, když se rozhodneme něco změnit ve svém životě. Je snazší odložit rozhodnutí o změně, jak jen můžete, a často ve svém rozhodnutí nerozhodnete, zůstanete zaseknutí, dokud vás někdo jiný nebo dokonce život nepřinutí vystoupit ze své komfortní zóny a začít jednat.

Jste si vědomi, že musíte něco změnit, a učiníte správné rozhodnutí, abyste změnu přijali. Myslíte si, že nejdůležitějším okamžikem je zvážit přijaté rozhodnutí, ale není to tak. Nejdůležitější je držet se směru, kterým jste se rozhodli jít. I když se vydáte na cestu a vrátíte se ke svému původnímu chování, rušíte pouze celé své úsilí. Toto je další způsob, jak odložit.

Toto rozhodnutí musí přijít se závazkem pokračovat v transformačním procesu každý den. Potřebujeme pouze jeden výchozí bod, bod, kde proces začíná. Vůbec se nedoporučuje, abychom si každý den stanovili další okamžik, od kterého zahájíme naši transformaci - tak se nikam nedostaneme.

---

2. Jasné nápady a cíle mohou vést ke kontrole poškození a zvýšit váš výkon jako jednotlivce.

ŠKODA JE ZPŮSOBENA nesprávným dimenzováním zdrojů a povrchním plánováním. Ti, kteří jdou do boje bez jakéhokoli plánu, se chovají jen jako dav a jsou poraženi malou, dobře organizovanou skupinou se skutečným vůdcem. Úspěch organizace nebo jednotlivce závisí na vedení a cílech.

Pokud máme nekonečné období zkoušek a jsme nesmrtelní, neměli bychom si dělat starosti, ale život nám většinou dává jen jednu šanci nebo v nejlepším případě příležitost to zkusit několikrát. Proto musíme jít připraveni z prostého důvodu, že nejsme sami. Existují další, jako jsme my, stejně připravení a často mnohem lépe připravení než my.

Musíte dávat pozor na to, co chcete, a jak můžete realisticky dosáhnout toho, co chcete; příliš velký cíl bude plýtvat důležitými zdroji bez vážné šance na jeho dosažení. Cíle by měly odrážet rozsah vaší současné hodnoty, nikoli vaši budoucnost.

Čím jasněji tyto věci znáte, tím více se budete chránit před významnými ztrátami. Jsme v pokušení považovat ztrátu pouze za peněžní částky. Ale ne! Čas, který ztrácíme, je neocenitelný.

3. Jaké množství peněz můžete každý měsíc vydělat? Odráží to vaši hodnotu? Jste spokojeni s tím, kolik dostáváte za práci, kterou děláte?

JAKÁ JE VAŠE SKUTEČNÁ hodnota, kolik vyděláte? Jste spokojeni s tím, kolik vyděláváte? Odráží váš příjem hodnotu, kterou si myslíte, že máte, a pokud ne, co na tom změníte?

Pokud vám neodpovídají odpovědi, co vás v tomto ohledu napadlo? Jak si myslíte o změně tohoto stavu věcí? Většina lidí to mění lhaním a tím odkládá nevyhnutelné, protože pokud se rozhodnete odhodit odpadky pod podložku, neznamená to, že zmizelo. Pokud ignorujete skutečnost, že nevyděláváte dost, ale lžete, že je to v pořádku, nebude to v pořádku. Jednoho dne se probudíte hluboce nespokojeni; nahromaděný stres se přímo projeví na vašem zdraví.

Pokud nevyděláváte dost, existuje pouze jedna věc: skutečnost, že vaše hodnota není dostatečně vysoká, aby mohla být lépe odměněna.

Stanovte si cíl zdvojnásobit svůj příjem. Stanovte si cíle a zvyšte své osobní dovednosti. Znám mnoho lidí, kteří se rozhodli vydělat si peníze tím, že dělají po práci věci, které spojují vášeň se schopností zaokrouhlovat svůj příjem. Čím lepší jste, tím větší jsou vaše šance na ukončení práce a přeměnu vášně na podnikání a životní styl, díky kterému se budete cítit naplněni.

---

4. Nedovolte, aby za vás rozhodovala práce, škola, přátelé, rodiče nebo kdokoli jiný, naslouchejte svému srdci. Řiďte se svými instinkty, nepřijímejte kompromisy a dělejte jen to, co vás nakonec naplní, a tak budete na sebe hrdí.

MUSÍTE SI BÝT VĚDOMI své vnitřní síly. Musíte vědět, že máte vše pod kontrolou. Položíte si ruku na hruď a několikrát opakujete: „Tady je ovládání!". Zhluboka se nadechněte a uvědomte si, že pouze vy jste ten, kdo se rozhodne pro svůj život.

Stanovte si cíle, které vás budou mít v hlavní roli, ne jiné. Jste hvězdou svého podvědomí. Jste tím, kdo může a musí nasměrovat mozek k evoluci.

Mnoho dramat vycházelo z touhy rodičů vnutit svým dětem určitý životní styl, chování nebo dokonce určité povolání. Pýcha, skutečnost, že dosáhl toho, co chtěli jeho rodiče, by měla dítě nesmírně potěšit a naplnit. Často tomu tak není.

Způsob, jakým žijete svůj život, je osobní volbou. Nikdo vás nemůže přinutit určitým způsobem přemýšlet, stejně jako vás nikdo nemůže nutit k rozhodování, zejména od určitého věku.

Dělejte to, o čem si myslíte, že vás naplňuje a plně přeberte důsledky svých činů.

———— ◦◦◦ ————

5. Mentální a emoční stav do značné míry určuje částky, které utratíte. Neštěstí tráví příliš mnoho, ve skutečnosti stojí štěstí mnohem víc než štěstí.

KDYŽ VÍME TOTO TAJEMSTVÍ, můžeme si užívat, co je krásné a co nás dělá šťastnými, a můžeme omezit částky, které utratíme, abychom zaplnili prázdnotu v duši.

Každý aspekt našeho života je důležitý, a proto se o něj musíme starat. Stanovme si cíle a zapojme se do jejich vážného zapojení. Budeme rádi, když uvidíme, že úsilí, které jsme vyvinuli, se začíná naplňovat.

Když jste nešťastní, máte tendenci vrhat stín negativity i na pozitivní věci ve vašem životě. Máte sklon ztrácet perspektivu a nedokážete si užít to, čeho jste pravděpodobně dosáhli. Neztrácejte ze zřetele důležité věci, dejte si pauzu od toho, co děláte. Stanovte si cíl meditovat o aspektech, které vás dělají šťastnými nebo ne. Navštěvujte lidi s omezenými materiály nebo jinými příležitostmi a zapojte se jako dobrovolník.

Uvidíte, že jakmile poznáte problémy ostatních, větší než ty vaše, začnete si vážit všeho, co máte jinak. Už nebudete utrácet všechno, co vyděláte, a budete mít větší úctu ke každému centu. Začnete se považovat za naplněného nebo dokonce šťastného.

———— ⑥✺⑨ ————

6. Negativní myšlenky jsou hlavním faktorem, který nás demotivuje. Tyto myšlenky procházejí a parazitují ve všech oblastech, kde máme klíčové kompetence, činí nás zranitelnými a snižují náš výkon. Nutí nás to přijmout faktickou situaci, aniž bychom už chtěli bojovat.

KDYŽ VÁM CELÝ ŽIVOT řeknou, že jste dobří pro nic za nic a že veškeré vaše úsilí nebude odměněno, utrpíte velké selhání. Myslíte si, že už nemá smysl bojovat. Pak se stanete netečným, paralyzovaným, neschopným reagovat na podněty a přijímat vše, co před vás staví život.

Podívej se pozorně na lidi, kteří nedosahují určité úrovně individuálního výkonu a bojují v zoufalé snaze vyrovnat se s neustále se zvyšujícími výdaji. Pokud by jim někdo dal odpovědnost a sebevědomí, viděl by, jak se stanou dobrými ve všem, co dělají, jak objevují potenciál, o kterém si mysleli, že ho ztratili nebo zapomněli. Snažte se nikdy nepřijmout faktickou situaci. Pokud nemáte co dělat, protože fakta jsou fakta a věci se většinou dějí nezávisle na vás, pak změňte pohled, z něhož se na celou situaci díváte. Změna úhlu spojená s dlouhodobým viděním často odhalí další vývoj a dynamiku věcí.

Nechte si myslet pozitivně, napište blog, ve kterém se budete nutit dívat se na všechno z nové perspektivy, dívat se na překážky jako na výzvy a čelit jim vyzrálostí a inteligencí.

———— ⑥✺⑨ ————

7. Je chybou se domnívat, že můžeme ovládat celý náš život ve všech dominantních oblastech vlivu.

Nemůžeme to udělat, místo toho můžeme zvýšit úroveň sebevědomí a prostřednictvím zákona přitažlivosti budeme schopni přinést do našich životů příležitosti a příznivé situace.

KDYŽ SE PODÍVÁTE ZPĚT, co vidíte? Udělal jsem experiment se svými studenty rychlého čtení. Požádal jsem je, aby popsali událost nebo událost, při které se na ně cítili nesmírně pyšní. Nevěděli, jak mi odpovědět, seděli a přemýšleli, několik minut hledali ve svých myslích a nakonec to dokázali říct, ale nebyli přesvědčeni, že to, co řekli, je nejdůležitější událost.

Totéž jsem udělal s jinou skupinou, ale tentokrát jsem je požádal, aby vyprávěli příběh, který je negativně ovlivnil. Okamžitě mluvili velmi podrobně, aniž by příliš přemýšleli. V tu chvíli jsem pochopil, že jejich mysl je nastavena tak, aby myslela jen na problémy.

Úspěch je odsunut do pozadí a nakonec zapomenut. Zapomeňte na okamžiky radosti, okamžiky, kdy jste na sebe byli hrdí, na okamžiky, kdy jste se dělali s ostatními. Naučte se je psát, protože psaní rozvíjí genialitu a genialita rozvíjí psaní. Zapište si vše, co považujete za důležité a definující pro vás a váš vývoj. Pamatujte na každý důležitý krok ve vašem životě.

---

8. Jaká je vaše odolnost vůči odpadu? Pokud byste měli zítra vydělat spoustu peněz, jak by se změnil váš život? Jaké extravagantní výdaje byste vydělali a kolik byste ušetřili, kolik byste investovali? Co právě děláte se zdroji času, peněz a energie, které máte?

PRÁVĚ TEĎ PLÝTVÁTE spoustou zdrojů. Nepotřebujete vše, co používáte, nebo si myslíte, že používáte. Mnozí kupují jídlo, které poté vyprší a je vyhozeno, nebo si kupují oblečení, které nosí několikrát nebo dokonce ani jednou.

Všechny tyto vynaložené peníze jsou důležitým zdrojem, který vás může zachránit před velmi obtížnými situacemi, které mohou v určitém okamžiku vašeho života nastat. Začněte šetřit a řekněte „Ne", kdykoli zjistíte, že plýtváte. Z toho si vezměte důležitou lekci. Začněte tím, že nekupujete vše, co chcete. Začněte tím, že řeknete „ne" polovině věcí, které chcete. Nepotřebujete je. Místo nákupu nových věcí raději znovu objevte ty staré. Pokud již nepoužívají vaše staré, darujte je, někdo je možná bude potřebovat. Stanovte tyto cíle velmi vážně, aby nedošlo k plýtvání zdroji. Přidělte zdroje důležitým projektům. Mezi nimi je osobní rozvoj, snad jeden z nejdůležitějších projektů, se kterými můžete hned začít.

---

9. Jste v situaci, kdy uděláte kvantový skok, když se ve své mysli rozhodnete prosperovat. Myšlenka prosperity se šíří do všech klíčových oblastí vašeho života. Změní to vaše myšlení a vizi úspěchu.

CHCETE NEJKRATŠÍ MOŽNÝ přechod ze současného stavu do úspěšného. Touhu musí zdvojnásobit silné a jasné cíle. Skok, který můžete udělat, bude podmíněn tím, jak připravená je vaše mysl na vývoj.

Když uděláte tento skok, uvědomíte si mimořádnou věc, která, pokud se ji naučíte, bude užitečná pro život v dalších zkouškách, které přijdou. Uvědomíte si, že jste byli připraveni udělat tento skok po dlouhou dobu a že jediné, co musíte udělat, bylo dát si větší zásluhu. Mějte větší důvěru ve své silné stránky.

Naučíte se včas nepodceňovat se, dozvíte se, že vašimi největšími nepřáteli jsou někdy nedůvěra a neustálý strach ze selhání, ale ve skutečnosti většinou máme všechny zdroje, které k úspěchu potřebujeme.

Musíte chtít uspět, musíte vnutit disciplínu svých myšlenek a myslet pozitivně, jak jen můžete. Pouze tímto způsobem můžete přejít na vyšší úroveň, úroveň, po které každý z nás silně touží. Úroveň, na které se pro nás stává osobní úspěch dostupným.

— ✺ —

10. Pozitivní myšlení léčí především rány, které v našich životech zanechaly neúspěchy. Otevírá naši budoucnost a nutí nás dívat se do budoucnosti pohodlně as velkou jistotou. Zahání to náš strach.

NEMŮŽETE ZAČÍT STAVĚT něco nového, aniž byste ukončili další starou kapitolu. Nemůžete zahájit nový vztah, pokud jste neukončili jiný, který nefungoval nebo na který už dávno došlo. Jsme živé magnety. Naše myšlenky přitahují fakta a lidi, kteří v nás rezonují. Změnou způsobu, jakým přemýšlíme, můžeme změnit naše životy.

Pokud máme inteligenci, abychom si uvědomili, že jsme vše, co si myslíme, že nevěříme tomu, co vidíme, ale že vidíme, čemu věříme, znamená to již, že se můžeme dostat ze začarovaného kruhu negativního myšlení.

Přistoupil jsem k těmto tématům v tom, co jsem nazval CHAMPION THINKING a které budou přeloženy do několika knih, které považuji za nesmírně užitečné pro ty, kteří se chtějí stát mistry ve svém oboru činnosti.

Výkon vždy začíná pozitivním myšlením, po kterém přirozeně následuje strategické a předvídavé myšlení. Tímto způsobem můžete budovat svou budoucnost právě teď. Mysli pozitivně a nezapomeň, kdo ve skutečnosti jsi a kým se chceš stát.

— ✺ —

11. Většina lidí má hloupý zvyk vzdát se jednoho kroku, než uspěje. Jsou tak blízko úspěchu, a přesto jim

k úspěchu chybí tak málo.

LIDÉ SE VZDÁVAJÍ, PROTOŽE nemají dostatečnou důvěru v to, že uspějí, chtějí jen být přesvědčeni, že se o to pokusili, v jejich myslích je důležité vědět, že svou povinnost splnili a že se o to alespoň jednou pokusili. Takto večer je pro ně snazší položit hlavu na polštář a zvážit, že udělali vše, co mohli. Ve skutečnosti nikdy neměli v úmyslu uspět.

Jediné, co dělali, bylo to, že se neustále sabotovali, jako by se účastnili aukcí jen kvůli dražení. Odtamtud opravdu nic nechtěli, nic neriskovali nebo jen tak pro zábavu, spekulovali o určitých okamžicích, aby zvýšili sázky, a to je vše. Nebo v životě to tak není. Když něco potřebujete, bojujete, pokud na tom něčem závisí váš život nebo blízký člověk, uděláte vše, co je ve vašich silách, abyste to získali; nehrajete na šance, sabotujete se.

Každý okamžik, který projde, se stane historií; časové období lze interpretovat tak či onak. Po chvíli však fakta zůstanou fakty. A selhání jsou ty, které nejvíce zasáhnou sebevědomí. Pokud máte v úmyslu uspět, určitě jako lezec, který leze na svislou stěnu, na kterou se na první pohled nedaří, najdete body, o které se můžete opřít, místa, kde si můžete odpočinout svaly naplno.

---

12. Úkolem je dokázat držet krok každý den a nenechat se porazit. Je těžké učinit rozhodnutí, které má změnit váš život, ale je ještě těžší toto rozhodnutí dodržet.

KAŽDÉ RÁNO ZAČÍNÁ NOVOU výzvou. S novým modelem, který bude následovat. Protože včera nám přinesla další lekci, kterou jsme se museli naučit. Pokud bychom to vzali v úvahu, uvidí se to dnes.

Cíle, zejména v jejich písemné formě, dělají právě to a udržují naši mysl neustále spojenou s tím, co musíme dělat. Posiluje naši víru a prohlubuje naši víru, že to, co děláme, je možné.

Skutečnost, že jsme se rozhodli zapsat si naše každodenní cíle, nám dává pocit kontroly a osobní síly. Mezi těmito dvěma procesy je vytvořeno paralelní spojení. Uvědomujeme si, že pokud máme moc kontrolovat, co si myslíme a co píšeme, můžeme také kontrolovat, čeho dosáhneme.

Když píšete, v zásadě se zavazujete a tento závazek se stává pevným bodem, pilířem, na kterém můžete dále stavět.

Většina lidí se nerozhodne, protože musí zaplatit cenu, a když se cena zdá příliš vysoká, jedinou alternativou, kterou jim zbývá, je vzdát se.

---

13. Když pochybuješ o sobě a o své schopnosti uspět, neděláš nic, jen ničíš svou touhu dělat věci lepšími a plnit si své sny.

VAŠE SNY JSOU NESMÍRNĚ důležité. Mají za úlohu krmit vás energií potřebnou k zahájení nového dne s úsměvem na tváři. Sny jsou ty, díky nimž jste mladí a šťastní. Když jste se úplně vzdali snů, vzdali jste se života.

Vaším neustálým cílem by mělo být budování pocitu sebevědomí a navázání spojení se sebou samým a vztahovat se k všeobecně platným vírám a nepochybně pozitivním morálním a duchovním hodnotám.

Když jsi byl dítě, snil jsi s otevřenýma očima; Je to už dlouho, co jste zapomněli, jaké to je myslet si, že je pro vás možné všechno. Později přišli dospělí, kteří vám řekli, že musíte dodržovat pravidla, která jsou někdy stanovena libovolně, a že musíte tvrdě pracovat, abyste přežili. Že ti, kteří jsou úspěšní, nejsou čestní lidé, i když jich je mnoho.

Odložte všechna tato škodlivá myšlení a najděte si přátele ve vlastnostech a dovednostech, které si osvojíte prostřednictvím svého osobního transformačního programu. Najděte si spojence ve vedení nebo řízení času, naučte se být nejlepší a nikdy se nevzdávejte svých snů. Sníte ve velkém a nikdy nebudete zklamáni.

14. Umělec vytváří, ale nemá odvahu a sebevědomí, aby ukázal svou práci ostatním. Ten, kdo má nízké sebevědomí, se nevyvíjí bez ohledu na to, jak tvrdě pracuje. Neocení svou práci, prodá ji levně nebo zdarma a zůstane na nízké úrovni bez ohledu na to, jak dobrý a talentovaný je.

JEDNOU Z NEJBOLESTIVĚJŠÍCH zkušeností, které mladý člověk po dokončení vysoké školy má, je to, že nezáleží na tom, jak hodnotní jsou nebo jak hodnotní se považují, ale jak moc souhlasí s prodejem své práce a dovedností.

Pokud nedůvěřujete sobě a svým schopnostem, pak svou práci prodáte za příliš málo. Viděl jsem zprávu s malířem, který jí nedůvěřoval, i když malovala mimořádně dobře. Nepovažovala za to, že to, co dělá, stojí za to zaplatit, a přestože pracovala s velkou vášní a dovedností, rozhodla se obrazy darovat.

Potkal jsem lidi, kteří se stydí žádat o peníze za to, co dělají, i když je to jejich práce. Místo toho, aby přijali svůj talent a hodnotu a prodali svou práci za spravedlivou cenu, rozhodli se žít v osobním dramatu a potýkat se s velkými finančními problémy.

Nastavte si sebe, abyste se považovali za hodnotného, naučte se vyjednávat, v určitém poměru lze vyjednat cokoli, bez ohledu na to, jak malé. Vyberte si vývoj.

15. Slabiny musí být překonány. Jaké jsou naše cíle, které máme jasně na mysli, abychom překonali své slabosti? Napsali jsme je někam a přepsali, dokud pochybnosti v nás nezmizely?

NEJSME ZDALEKA DOKONALÍ. Všichni máme slabosti, nejprve vůči určitým lidem a poté vůči určitým přístupům k problémům, které jsme si svévolně stanovili. Budeme ohromeni, když se posuneme-li tyto limity trochu dále, vyrovnáme se stejně dobře s novými podmínkami.

Nakonec si uvědomíme, že jsme ti, kteří se naučili, že nemáme všechny vlastnosti nezbytné k úspěchu; že jsme nevypadali dost tvrdě, abychom viděli, co dělají ostatní. Touha být dokonalým může být velkou překážkou v našem vývoji. Může to být slabost, která nás odvádí od naší cesty k úspěchu.

Okamžitě si zapište seznam svých slabostí. Pokud si myslíte, že nejste dostatečně objektivní, promluvte si se svým partnerem. Uvědomte si své slabosti a okamžitě začněte pracovat na jejich nápravě.

Prvním impulsem je popřít, že máte problém, něco ve vás vám řekne, že problém není váš a že to nejste vy, kdo se musí změnit, ale ostatní, abyste se cítili lépe. Analyzujte svůj vývoj tak často, jak je to možné. Buďte k sobě upřímní a nepodvádějte, jde o váš výkon.

---

16. Každé ráno, když se probudíme, zjistíme, že svět se trochu změnil. Některé dny se to mění více na jiné méně, v závislosti na událostech a dopadu, který na nás mají. Musíme pochopit, že svět se mění.

SVĚT SE PRÁVĚ TEĎ MĚNÍ. V tuto chvíli zažívá výzkumník z velké univerzity okamžik obrovské radosti. Jeho práce trvající několik měsíců nebo možná i let našla konec. Může to být objev s průměrným dopadem na náš život, nebo naopak může být něčím převratným. Ale tato událost se děje každý den, protože po celém světě existují stovky tisíc takových výzkumníků.

Jejich objevy jsou okamžitě převzaty a použity k obraně armádou, v medicíně nebo tam, kde je zájem a kapitál, aby tyto věci mohly být okamžitě uvedeny do praxe. Nakonec se k nám část technologie dostane. Přesto si nemůžeme nevšimnout, jak rychle se věci vyvíjejí.

Pokud si například koupíte notebook, za šest měsíců bude nový model, který si můžete koupit za stejnou cenu, mnohem lepší, s příjemnějším designem a mnoha dalšími možnostmi. Vyberte si, zda chcete být propagátorem změn, nikoli jejich obětí. Stanovení cílů vám pomůže umístit se na důležitou pozici v oboru, ve kterém pracujete.

──────◦◎◦──────

17. Změna vytváří nejistotu a určité nepohodlí, protože nevíme, co se bude dít dál. Nevíme, co nás čeká v budoucnosti a to nás děsí, bojíme se neznáma.

ČAS OD ČASU PŘIJDE konec světa. Všichni lidé využívají strach z neznáma a v tomto ohledu vytvářejí nejrůznější teorie. Ať už je život na této planetě jakýkoli, bude mít svůj směr. Planeta přežije. Bez ohledu na velikost katastrofy za sto milionů let bude život stejně prosperující jako nyní.

Vždy jsme se dívali do budoucnosti se strachem, často vyvolaným. Nevědomost způsobila, že jsme se během historie stali obětí paniky generované skutečnými nebo imaginárními událostmi. Scénář Orsona Wellese o Marťanech útočících na Británii využila 30. října 1938 rozhlasová stanice v New Jersey a vyvolala nepopsatelnou vlnu paniky. Panika zasáhla více než milion lidí.

Buďte si jisti svými kvalitami. Podívejte se do sebe a najděte věci, na které byste měli být hrdí. Určitě najdete mnoho okamžiků, kdy jste cítili, že jste mimořádný člověk a že máte moc dělat vše, co opravdu chcete. Snažte se co nejvíce o vnitřní sílu a buďte si jisti. Přemýšlejte pozitivně a přemýšlejte o tom, že budoucnost vám přinese jen dobré věci. Vytvořte pozitivní stav očekávání a nenechte se ovládnout panikou a vnějšími manipulacemi.

──────◦◎◦──────

18. Nedostatek důvěry zmizí, když máme písemné cíle nebo cíle. Písemné cíle jdou nad rámec emocí a mají sílu vyvolat změnu a poskytnout stabilní bod, na který

se mysl může soustředit.

JAK JSEM ŘEKL, JE ZÁSADNÍ napsat cíle. Tímto způsobem se zhmotňují. Ze světa myšlenek a z nehmotné roviny začínají ožívat na papíře.

Všiml jsem si lidí, kteří si v průběhu času stanovili cíle, ať už to byli moji studenti z kurzů rychlého čtení a zrychleného učení, nebo jiní blízcí lidé.

Cíle byly od začátku předimenzovány. Každý chtěl dostat co nejvíce s co nejmenším úsilím. Proces stanovování cílů je však přiměl uvědomit si roli, kterou převzali. I když si mysleli, že stačí psát, a stane se něco zázračného, pro ty, kdo je dál psali, nastaly v období jednoho až dvou let velkolepé podmínky, které vedly k dosažení cíle.

Stabilní bod vede k lepší mentalizaci. Pokud se chcete usadit v novém městě, navštivte jej. Stanovte pevné body, které můžete mentalizovat, a poté se otočte a stanovte cíle v tomto ohledu.

---

19. Lidé přiznávají, že mají cíle, a také přiznávají, že je nenapsali. Pokud jste nenapsali cíle, pak se mísí s množstvím myšlenek, starostí, tužeb a riskujete, že se v tom davu ztratíte a bude pro vás velmi obtížné je jasně identifikovat. Stanou se zkreslenými.

JE TO JAKO MÍT SPOUSTU věcí, které hodíte do kapsy. Ať už jsou to klíče, peníze, žvýkačky, jízdenka na autobus, kapesník, poukázky, karty, seznamy a další. Pokud si chcete vzít peníze na parkování, nemůžete najít, co potřebujete, protože je tam tolik věcí. Každá z nich je do určité míry důležitá a bez ní se neobejdete, ale pokud ji nenajdete, když ji potřebujete, stane se zbytečnou.

Písemné cíle vytvářejí světlo a pořádek ve všech těchto věcech, budete přesně vědět, co chcete a kdy chcete, protože všechny vaše cíle prošly intenzivním procesem analýzy. Už se nebudete dívat, nebudete se snažit improvizovat, ale budete postupovat podle předem stanoveného plánu.

Cíle mohou být kontaminovány, pokud nejsou psány. Hluboce negativní myšlenka vám dá zapomenout na to, co je pro vás důležité. Díky tomu můžete změnit své priority a vzdát se každodenního procesu evoluce. Kontaminace negativními myšlenkami se zastaví, když se večer vrátíte domů a přepíšete své cíle, což znamená, že resetujete všechny myšlenky, které jste během dne měli.

---

20. Naléhavým a okamžitým věcem se dostává větší pozornosti než těm, které jsou nesmírně důležité pro dosažení výsledků ve velkých a trvalých cílech. Velké cíle mění náš život a pomáhají nám v našem vývoji.

POKUD SI NEROZVINETE perspektivu, budete nuceni celý život běhat po maličkostech, které vám nepřinese dlouhodobou spokojenost. Co přesně jste v této době dělali před 3 týdny? Ale před sedmi týdny?

Ty nevíš! Je naprosto normální a přirozené zapomínat. Pokud však tento aspekt analyzujeme hlouběji, všimneme si, že nevíte příliš jasně, co jste ten den udělali. Udělali jste něco, ale nepamatujete si, jestli to bylo před 4 nebo 5 dny. Je to proto, že jste dělali pouze naléhavé věci, které nebylo možné odložit, a které jste po splnění odstranili ze své mysli. Možná jste udělali osobní věci, které nejsou v průběhu času relevantní. Nezáleží na tom, jestli jste viděli film nebo jste na Facebooku hodinu a půl.

Ale hodně na tom záleží, pokud jste cvičili rychlé čtení po dobu 20 minut denně a dokázali jste rychle přečíst knihu. Určitě si toho nebudete pamatovat, ale informace vstoupí do podvědomí a stratifikují se. V určitém okamžiku vás ohromí, kolik věcí znáte, zjevně bez přílišného úsilí. To jsou důležité věci, do kterých investovat. Pokud se vám podaří stanovit velké cíle, váš život se zásadně změní k lepšímu.

21. Chceme-li místo myšlenek na výsledky výsledky, musíme si stanovit řadu písemných cílů a časové období do jejich dosažení.

NA JAKÉ OBDOBÍ SI STANOVUJETE cíle? Přemýšleli jste o těchto problémech nebo je postavili do pozadí? Existují společnosti, které pro vás za několik dní založí dřevěný dům. Vše se děje pouze podle velmi dobře vypracovaného plánu. Jelikož se jedná o dům, kde mají lidé žít po celá desetiletí, nenechávají se žádné podrobnosti na náhodu.

Každé dřevo má své místo, musí být spojeno s jiným. K tomu existuje plán, schéma a řada kroků, které je třeba přesně dodržet. Pokud někdo udělá chybu, pak může být ovlivněna struktura odporu a celá práce musí být přepracována, tentokrát s mnohem vyššími náklady.

Totéž se děje, pokud jde o váš život a váš osobní vývoj. Denní investice do stanovení cílů, do řízení času, může vybudovat vaši budoucnost od nuly. Opravdu nezáleží na tom, kdo jste, protože tyto techniky fungují pro kohokoli a všude, musíte je prostě chtít použít.

Můžete si vytvořit svůj vlastní základ a poté začít stavět krok za krokem, jako je dům, finanční stabilita, krásný a šťastný rodinný život, kariéra, vyvážený duševní a duchovní život.

22. Když vyplujete a nemáte jasný směr, necháte svou loď nesenou ve směru, ve kterém fouká vítr; když máte směr, použijete sílu větru k dosažení cíle.

V JUJITSU SE POUŽÍVÁ síla soupeře. Čím větší síla vás chce zasáhnout, tím více se to vezme a protivník je hozen na zem. Tato japonská technika bojového umění využívá dvojici sil, aby převzala sílu soupeře a přeměnila ji na jeho vlastní sílu. V tomto umění máte prázdné ruce před jedním nebo více soupeři.

V životě se děje totéž - musíte vědět, jak tyto informace vzít a použít jejich sílu, abyste šli směrem, kterým chcete jít. Důležitá část síly je dána správným stanovením cílů. Skutečnost, že si je každý den zapisujete, vám pomůže uvědomit si sílu ai když se vám zpočátku zdá, že události jsou pro vás příliš velké, můžete se pomocí inteligentního pohybu postavit nad ně.

Vítr, mapa a kompas byly po stovky let hlavními faktory, které vedly k rozvoji obchodu a dopravy lidí. Kompas představuje cíle, protože bez nich nebudete vědět, kam máte jít. Nebudete vědět, kde jste, a pokud se to stane, jste ztraceni. Jasné cíle vás bezpečně přenesou z bodu A do bodu B.

---

23. Musíte přesně vědět, co chcete, nastavit cenu, kterou musíte zaplatit, abyste toho dosáhli, a zaplatit to.

NA TOMTO SVĚTĚ NENÍ nic zadarmo, ale možná sýr v pasti na myši. Tak bych zahájil tuto diskusi. To, co zní příliš dobře na to, aby to byla pravda, rozhodně není pravda. Každý malý nebo velký úspěch přijde až po celém tvůrčím procesu, ale také po spoustě práce.

Život je jako restaurace rychlého občerstvení. Nejprve zaplatíte a až poté spotřebujete. Stejně jako nemůžete říct kamnům, aby mi dodaly teplo, a dřevo vám přinesu později.

Chcete-li být inženýrem, musíte nejprve studovat pět let a dělat další dva roky magisterského studia. Chcete-li být lékařem, musíte studovat 6 let na vysoké škole a sledovat specializaci další 3 roky nebo dokonce déle. Za to vše existuje cena zhmotněná v práci, v investování času, peněz a energetických zdrojů.

Když jste stanovili, co chcete, stane se něco mimořádného. Je to, jako by se váha zvedla z vašich ramen. Je těžké si vybrat, proto musíte správně stanovit své cíle, ale pak víte, že každý den máte svůj účel. Musíte zaplatit cenu, abyste dostali to, co chcete. Tento proces vás dělá šťastným a naplněným. Dává vám pocit, že vaše práce není ztracena, ale v určitém okamžiku ji učiníte plodnou.

---

24. Štěstí za úspěchem. Je úžasné žít v komfortní zóně a dívat se na ty, kteří jsou úspěšní, se závistí a dávají štěstí úspěchu. Nikdo pro vás nic nedělá, pokud něco neděláte.

ŠTĚSTÍ VÁM NIKDY NEZAKLEPE na dveře. Pokud si myslíte jinak, jděte hned teď a kupte si loterii. Pravděpodobně budete překvapeni, že nevyhrajete. Ani vy nemůžete. Pravděpodobně máte šanci 1 ze 40 nebo 60 milionů. Pokud tomu rozumíte, musíte začít budovat svůj vlastní úspěch.

Dnes jste v komfortní zóně. Probudíte se a pokud vám to čas dovolí, budete líní. Pokud máte zkoušku a není to za pár dní, podíváte se na předmět a budete si myslet, že máte ještě čas, že zítra je den a že máte pravdu, že si můžete dovolit odpočinout si málo.

Něco vám řeknu: úspěšní lidé dělají pravý opak toho, co vás láká. Štěstí za úspěchem je jen práce. Pokud vstanete rychleji z postele a budete sportovat, pak se osprchovat a jít do práce, budete mít mnohem vyšší tón, než kdybyste se rozhodli být líní.

Způsob, jakým se rozhodnete řídit svou energii, hodně napovídá o vašem úspěchu. Úspěšní lidé mají to štěstí, že si dříve než ostatní uvědomili, že jejich čas je omezený.

---

25. Stanovení cílů neznamená mít jen intenzivní touhu a to je vše. To není určeno k vyřešení vašeho problému. Chudí lidé, lidé v nouzi mají nejintenzivnější touhy, ale zůstávají ve stádiu touh po zbytek svého života, pokud se nepřihlásí a nebudou jednat.

VĚTŠINA LIDÍ, KTEŘÍ v životě uspěli, kteří si nejprve zajistili finanční situaci a poté se stali finančně nezávislými a dokonce bohatými, začínali jako chudí.

Každý příběh je mimořádně zajímavý. Mnoho z nich bylo životem zpochybněno různými způsoby. Žili extrémně drsnou realitou a byli tvrdohlaví ve své touze přežít a jít dál. Tento proces vedl k disciplíně a sebekázni.

Touha, bez ohledu na to, jak hoří, bez plánu a důkladného provedení, bez disciplíny začít každý den od místa, kde jste předtím skončili noc, nepracuje pro váš úspěch.

Chudí lidé mají pocit, že jim v životě bylo ublíženo. Jsou mrzutí a nenacházejí motivaci stavět, protože jejich mysl vytvořila blokádu, z níž je pro ně těžké uvěřit, že se mohou dostat ven. S negativním myšlením se vzdávají a odmítají šance na vývoj a přeměňují svůj talent na lépe placené vlastnosti.

---

26. Pokud nemáte energii na skok, posaďte se na vyhřívaný povrch a budete k tomu nuceni. Zig Ziglar, jeden z nejlepších trenérů v oblasti osobního rozvoje, nás učí, jak tímto způsobem trénovat blechy.

KDYŽ ZAČNETE DOSAHOVAT cílů nebo cílů, budete nuceni najít zdroje, o kterých byste nikdy nevěděli. Uvidíte, jak jste schopni skákat a nezastavovat se, dokud nedosáhnete svých cílů.

Brian Tracy nám říká, že je jednodušší se do situace dostat, než se z ní dostat. Každý z nás prožil chvíle, kdy jsme se chtěli dostat ze situace, která se začala komplikovat a bylo to pro nás velmi obtížné.

Mluvili jsme také o koridoru osobního rozvoje, je to koridor, kterým se dá jít jen vpřed, nemůžete se vrátit zpět. Je to chodba s mnoha dveřmi nalevo a napravo. Můžete se dostat do kteréhokoli z nich a učit se; protože tam nemůžete zůstat navždy, jděte ven a pokračujte v cestě. Jakmile vstoupíte do této chodby, jste ze své vlastní vůle nuceni se rozvíjet a vyvíjet. Proměníte se v něco lepšího a efektivnějšího. Rozvíjejte smysl pro realitu a zvyšujte své šance na úspěch neustálým investováním do původních dovedností nebo kompetencí, které jste se rozhodli objevit. Pro mě bylo rychlým čtením tato chodba.

⸻ ❧ ⸻

27. Nebudeš schopen dosáhnout svých cílů, pokud budeš sám. Musíte být součástí týmu, musíte se naučit, co je to vedení, přilákat kolem sebe kvalitní lidi a dělat s nimi kvalitní věci, abyste získali kvalitní výsledky, které vydrží v průběhu času. Výsledky se znásobí, když máte s sebou hodnotný tým.

BUDUJTE PEVNÉ VZTAHY se silnými lidmi, od kterých se učíte, s lidmi, které obdivujete za jejich tvrdou práci. Za tímto účelem rozvíjejte vzájemné vztahy. Prostřednictvím těchto vztahů povzbuzujte toho druhého, aby se vám otevřel, pokuste se překonat jeho bariéry a nechte ho pochopit, že můžete být jeho přítelem. Na základě tohoto přátelství s ním můžete budovat jak ve svůj prospěch, tak ve svůj prospěch.

Čím vyšší je úroveň důvěry na obou stranách, tím větší jsou příležitosti k nalezení společných cílů. Používejte nástroje pro analýzu chování, pečlivě studujte své partnery. Pochopte, ke které typologii každý z nich patří, a najděte společný jazyk. Přizpůsobte se a buďte flexibilní.

Udržujte vztahy přísně profesionální, pokud jsou. Nezaměňujte vztahy, protože můžete udělat více škody než užitku. Nebuďte stejně k dispozici a zkuste správně spravovat své přátelství.

28. Nic nedosáhneš, pokud nechápeš, že budeš disciplinovaný, protože jsi se probudil. Od první hodiny ráno musíte zkontrolovat všechny cíle, kterých chcete dosáhnout. Jakmile se probudíte, položte si na noční stole notebook, na který budete moci psát.

ÚSPĚŠNÍ LIDÉ JSOU DISCIPLINOVANÍ; potřebují model, který mají následovat, a zavádějí program, jehož prostřednictvím mohou pracovat na plný výkon.

Nejsme dokonalí. Každý den se můžeme naučit dělat věci profesionálně, pokud máme dostatek vnitřní síly, abychom je mohli použít ke změně.

Změna začíná přísnou disciplínou zdrojů a hodnot. Když jste v poušti, pak jste povinni mít na prvním místě vodní disciplínu a poté další zdroje. Pokud chcete přežít v sociální džungli, musíte mít přísnou disciplínu ohledně zdrojů, které můžete použít, a myslím tím férovost, poctivou práci, iniciativu, upřímnost, úctu k ostatním a další zdroje.

Disciplína je udržování těchto hodnot a respektování hodnot ostatních. Jakmile se probudíte, zapište si tyto hodnoty a cíle. Podívejte se, jak se během několika dní ve vašem životě začnou objevovat vážné příležitosti.

29. Cíle vám pomohou být organizovanější a efektivnější. Udělejte více pro sebe, ale také pro své blízké, rodinu a přátele. Cíle vám pomohou cítit se naplněné. Buďte nadšení a motivovaní.

ŽIJEME VE SVĚTĚ, KTERÝ zdaleka není efektivní. Mnoho zdrojů je zneužíváno a využíváno pouze malou částí populace, zatímco drtivá většina lidí žije v chudobě a pod hranicí chudoby. Lidstvo se pravděpodobně vyvine do stádia, kdy tuto mentalitu překoná, až do té doby budete muset čelit reálnému světu a přizpůsobit utopický svět uvnitř vás tomu, co je životně důležité pro přežití vás a vaší rodiny.

Pravidla nebudete moci změnit, zvláště pokud na to nemáte zásadní vliv, prostředky a čas. Svět se bude měnit po generace; to, co musíte udělat, je změnit se. Transformujte se dovnitř a udělejte kvantový skok, který vás přenese na vyšší úroveň intelektuálního výkonu. Tento skok vám pomůže vyvíjet se mnohem rychleji než kdokoli jiný.

Zjistíte, že život neznamená jen utrpení, ale také radost, znamená to nejen práci, ale také spokojenost. Od úrovně výkonu mají všechny věci logiku a všechny kroky dávají smysl, i ty špatné, které jste podnikli před úspěchem. Musíte vědět, že historii vždy zapisují vítězové. Najděte motivaci věřit ve šanci, kterou máte, a vyhrajte.

---

30. Když si píšeš své cíle, tvoje mysl je osvobozená. Jakmile je napíšete, už je nemusíte uchovávat v sobě. Je to jako udržovat tajemství a ve chvíli, kdy někomu řeknete, že se ho zbavíte. Osvobodíte svou mysl a duši. A to je nesmírně důležitá skutečnost.

JE TĚŽKÉ SE SKUTEČNĚ rozhodnout, co od života chcete, protože vždy chcete mít šanci uniknout, což vám dává „šanci" nepřevzít plnou odpovědnost za své činy.

To vše začíná nejistotou a nízkým sebevědomím. Když se rozhodnete a víte, kdo jste a co chcete, pak se z toho napětí vymaníte. Stáváte se sebevědomým. Trvalo mi dlouho, než jsem přijal, že jsem spisovatel. Poté, co jsem to přijal, poté, co jsem se vzdal doktorátu z inženýrství a vydal se na cestu školení a vydávání knih, jsem cítil ve svých silách mír a jistotu.

Když jsou mysl a duše osvobozeny od váhy, pak je celá vaše pracovní schopnost zaměřena pouze na to, čeho musíte dosáhnout. Po provedení určitých rozhodnutí se většina lidí smíří sama se sebou a považuje toto rozhodnutí za pevný bod. Jednoznačné rozhodnutí je přimělo přejít do jiné kapitoly. Už nejsou drženy na místě věcmi minulosti. Knihy začaly být ústředním tématem 60 000 denních myšlenek - proto mám tolik nápadů a tolik knih.

———— ⟨∾⟩ ————

31. Většina lidí si nestanovuje cíle, protože nevěří, že se v jejich životě stane něco dobrého. Když si neustále říkáte, že nejste schopni nic, vaše očekávání nikdy nebudou příliš vysoká.

KDYŽ JSTE ŽILI MEZI lidmi, kteří nedosáhli mnoha věcí, budete uvažovat ve stejné logice. Budete věřit, že toto je celý svět. Když vaši rodiče neudělají nic jiného, než že do vás zasejí semínka neúspěchu, uděláte to, co vám naprogramovali. Zmeškáte všechny příležitosti, které se vám naskytnou.

Myšlenky jsou extrémně silné. Mohou ze zdravého člověka udělat nemocného a uzdravit ho. Mohou zvednout obyčejného člověka zespodu a proměnit ho v brilantního muže, charismatického a úspěšného člověka, nebo mohou změnit rovnováhu úspěšného člověka tak, aby poznal hořkou příchuť neúspěchu.

Budete bojovat ve dvou situacích: když nemáte kam jít a musíte bojovat, a když to uděláte pro někoho, kdo vám je drahý. Úspěch znamená silné cíle pro vás a implicitně pro vaše blízké. Profesionální úspěch a finanční stabilita pociťuje celá rodina.

Překonejte v průběhu času kondici vyvolanou ostatními nebo sami sebou. Vezměte v úvahu, že váš život teprve začíná, největší úspěchy v životě od nynějška začnou pro vás i vaše blízké. Změňte způsob svého myšlení.

———— ⟨∾⟩ ————

32. Vítězný přístup je určen třemi faktory:

1. ŽIVOTNÍ PROSTŘEDÍ
2. Zkušenosti
3. Vzdělávání

To vše přispívá k vytváření kultury úspěchu.

Podívejte se na ty, kteří jsou úspěšní. Pocházejí z prostředí, které je formovalo. Drsné prostředí, ve kterém se často museli vypořádat s nedostatečnými zdroji. Byla to pro ně nesmírně důležitá škola. Tyto okamžiky zůstávají hluboce zakořeněny v paměti a vědomí. Když vás prostředí, ve kterém trénujete, otužuje, stane se standardem po zbytek vašeho života.

Ti, kteří jsou úspěšní, se pokusili o úspěch tolikrát, kolikrát to bylo nutné. Tyto opakované pokusy jim přinesly zpětnou vazbu, kterou opravili a nakonec získali jako bohatou zkušenost. V obtížných dobách, kdy musíte dělat důležitá rozhodnutí, je důležité se soustředit. Je důležité být schopen soustředit se a vědět, co dělat, nezkoušet si pak uvědomit, čemu čelíte, bát se a vzdát boj. Vzdát se je nejjednodušší. Pro úspěšného člověka je stejně důležité vzdělání nebo spíše sebevzdělávání. KULTURA HODNOTY je budována v průběhu času prostřednictvím stovek přečtených knih a tisíců poznámek, na které úspěšní lidé píší a přepisují své cíle někdy několikrát denně. Formální vzdělávání musí být zdvojnásobeno osobním rozvojem.

---

33. Při stanovování cílů musíte mít na paměti dvě věci: že se věci mohou vyvíjet dobře, jak očekáváte, nebo že se věci mohou pokazit.

JEDNOU CHYBOU, SE KTEROU jsem se často setkal u těch, kteří si stanovili cíle, bylo stanovit si cíle a naplánovat celou strategii v domnění, že se vše spojí a půjde samo. Napoleon byl známý tím, že vždy měl odpověď na všechno, co se stalo, reagoval zejména během bitev. Nebyl zaskočen. Bez ohledu na to, jak to šlo, myslel na to předem.

Přemýšlejte o tom, jak by se věci vyvíjely, kdyby vše šlo tak, jak jste zamýšleli. Jakým tempem se budete moci posunout vpřed a co se může stát, pokud vývoj věcí nebude takový, jaký ve skutečnosti očekáváte. Pokud narazíte na potíže z důvodů zcela nezávislých na vaší vůli. Z objektivních důvodů se věci opožďují. Pokud náhodná událost zasahuje do vašeho plánu a cílů.

Je velmi důležité mít záložní plán, který funguje v krizových nebo nouzových situacích. Tento plán musí být dokonale životaschopný a flexibilní, tímto způsobem ušetříte důležité zdroje a budete pokračovat, zatímco ostatní narazí a ustoupí, aby svůj plán přehodnotili.

Je žádoucí, aby věci šly perfektně, ale je nepravděpodobné, že se to stane.

---

34. Přemýšlejte o tom, kdy jste naposledy vytvořili plán a kde je nyní. Najděte písemný plán za pár minut a podívejte se na něj. Pokud jste to nenapsali, znamená to, že nemáte žádný plán.

KDE JE VÁŠ NOTEBOOK, který používáte k psaní cílů? Je to šikovné, najdete to hned nebo jste zapomněli, kam jste to dali? Pokud takový notebook nemáte, okamžitě ho vyhledejte a začněte do něj psát své cíle.

Je na čase, aby váš život začal být krásný, myslete na to, že všechno, co jste doposud zažili, byl jen intenzivní proces přípravy na to, co se má stát. Vyslovte proroctví a počkejte, až se splní. Proveďte proroctví, že jste úspěšný muž. Myslete dopředu na svůj život na delší dobu, netýkejte se jen dneška nebo zítra.

Kde se vidíte za 5 let? Přemýšleli jste o tom podrobně? Víte přesně, kde chcete být a co chcete dělat? S kým chcete být obklopeni, rodinou, přáteli? Přemýšleli jste o tom, kolik peněz chcete vydělat, v jakém domě chcete bydlet, v jakém autě chcete jet nebo jaké další méně hmotné hodnoty chcete získat?

Tady je váš plán. Je to tak jednoduché, stačí to dát na papír a okamžitě začít stanovovat cíle pro každý z těchto aspektů. Jakmile si tyto cíle stanovíte, okamžitě na jejich dosažení začněte pracovat s velkou touhou a odhodláním. Pokud neuděláte nic pro vývoj, uplyne pět let extrémně rychle.

---

35. Zamyslete se nad touto otázkou: Jaký je váš hlavní cíl?

JE TĚŽKÉ VYBRAT HLAVNÍ cíl, protože on bude hvězdou a bude neustále ve vaší pozornosti. Není to jako vybrat si svého oblíbeného herce nebo svou oblíbenou knihu. Tento cíl musíte motivovat, abyste pro něj každý den pracovali. Budete ho vědět, když ho hledáte, protože odpovídá vašim nejintenzivnějším touhám.

Projděte tento cíl filtrem své osobní hodnoty. Proveďte jeho analýzu, rentgenujte ji a porovnejte s tím, čeho jste dosud dosáhli. Položte si několik základních otázek týkajících se vašeho hlavního cíle:

- Je to morální cíl?

- Je to logický cíl?

- Je váš krátkodobý cíl v souladu s vašimi dlouhodobými cíli a naopak?

- Můžete se odhodlat a plně se věnovat tomuto cíli?

- Vidíte, že dosáhnete tohoto cíle?

Pokud jsou odpovědi kladné, můžete se vážně zapojit do dosažení tohoto cíle. Uvidíte, jak se po určitém období stane další cíl nejdůležitějším, ale až poté, co se první splní. I když nahradí jiný důležitý cíl, bylo důležité mít tento cíl na začátku.

---

36. Když bojuješ za dosažení svých cílů, musíš mít neustálý stav pohody. Musíte se v sobě cítit dobře.

KDYŽ SE BUDETE CÍTIT dobře ve své kůži, když se vám podaří překonat okamžiky paniky a strachu, okamžiky zbabělosti a setrvačnosti, které jsou vlastní stanovování a dosahování cílů, budete mít vnitřní mír. Tento vnitřní mír vám dá odvahu vyzkoušet nové strategie, které ostatní děsí a drží je stranou od úspěchu.

Pocity důvěry a duševní pohody vás přimějí jít nad rámec otázek s binární odpovědí. Kromě toho, zda je dobré určitou věc udělat, či nikoli, musíme být schopni odpovědět a rozvinout v plánu řadu podstatných otázek. I když je tendence odpovědět ano nebo ne, výzvou je vytvořit a napsat alespoň stránku o každé otázce. Tady jsou některé z nich:

- Podporuje vás někdo při dosahování vašich cílů?
- Myslíte odpovědně, když plánujete dosáhnout svých cílů?
- Dodrželi jste dnes své sliby?
- Je přesvědčení, že jste uspěli, silné?
- Jste velkorysý k sobě i k ostatním?
- Vztahujete správně ke škále hodnot?
- Dělá vás dosažení cílů šťastnými?
- Udržují vaše priority soustředění nebo ne?

---

37. Žádná show profesionálních herců není možná bez několika zkoušek. Herec tráví týdny před představením opakováním osamoceně a v týmu, dokud všechno nedopadne dokonale.

VIZUALIZUJTE SI DESÍTKY a stovky případů, kdy děláte jednu věc, dokud nevyjde dokonale. Opakujte vše, co děláte krok za krokem. Tímto způsobem vytvoříte svou budoucnost. Je nesmírně obtížné kontrolovat tok myšlenek, protože budou zavedeny nové proměnné, obraz bude kontaminován jinými obrazy. Mysl se snaží přizpůsobit a najít lepší řešení problému. Ale pokud pokaždé změníte svou strategii, nebudete s vaší evolucí moc schopni udělat.

Myslím, že by bylo nejlepší vytvořit scénář s některými důležitými body. Pak napište příběh o tom, jak někdo uspěl. Bude to zajímavé, protože bude mít vaše jméno, bude mít stejný věk, stejnou výšku jako vy. Ale budete na něj odkazovat ve třetí osobě. Uděláte to ze dvou důvodů: protože pro vás bude mnohem snazší uvěřit, že někdo jiný může uspět, a protože pro vás bude snazší představit si jinou osobu, než si představit sebe.

Napíšete scénář filmu, ve kterém hlavní předmět uspěje. Není to komedie ani tragédie, je to příběh o úspěchu. Pokud tento film mentálně spustíte mnohokrát, stane se realitou pro vás a váš úspěch.

---

38. Problémy, které vznikají při dosahování cílů, nejsou vždy zjevné a hmatatelné. To, co se původně zdálo být problémem, nemusí být. Problémy nastanou, když existují překážky, které vám brání v dosažení vašich cílů.

K ÚSPĚCHU V ŽIVOTĚ potřebujete perspektivu a perspektiva vychází pouze z neustálého přístupu k problému. Nakonec se po obdobích stagnace, malých úspěchů, ale také velkých zklamání, stanete specialistou na tento problém. Poznáte ji mimořádně dobře a můžete vidět, zda je směr dobrý nebo ne.

V životě existují určité překážky. Když se objeví, mají sílu nás odradit, ale časem uvidíme, že bez těch překážek a výzev, kterým jsme museli čelit, bychom neuspěli.

Čím větší výzva, tím vyšší musíte zaplatit cenu, abyste dosáhli toho, co jste si předsevzali. Pokud chcete mít více, musíte být více a dělat více. Všichni, kdo chtějí něco dosáhnout, se do jisté míry potýkají se stejným typem překážek, i když měřítko, kterého se týkají, je možná jiné. Ale každý úspěšný příběh respektuje určitou matematickou funkci, určitý vzor.

Nikdo neunikne problémům a výzvám. Všichni hrají roli, která nás činí silnějšími a přináší to nejlepší v nás.

———◆◇◆———

39. Při stanovování cílů potřebujete metodu, která vám pomůže rozpoznat problém, když k němu dojde.

PROBLÉMY NASTANOU, když se něco nestane, jak jste plánovali, nebo se stane něco, co se nemělo stát, něco nepředvídaného. Většina nedokáže rozpoznat problém. Nevědí o existenci problému, možná proto, že je nezajímá, nebo problém nelze definovat v pojmech, které člověk zná.

Problém může být extrémně jemný nebo tak zřejmý, že uniká analýze pozadí. Je snazší říci, že problém nenajdete nebo že problém prostě nemáte, ale je extrémně obtížné problém rozpoznat a pokusit se s ním klidně a zodpovědně zacházet.

Většina lidí sedí a přemýšlí, co se stane, když nejsou schopni zvládnout změnu perspektivy, i když se úhel mění jen velmi málo. Změny mohou být skvělými příležitostmi pro úspěšné lidi. Odkrývají příležitosti a příležitosti, které je třeba okamžitě využít. Oblast technologie je jednou z oblastí, kde jsou příležitosti prakticky neomezené. Můžeme plně využít naši schopnost stanovovat cíle a rozvíjet silný smysl pro účel, který identifikuje problémy, které mohou nastat předem. Intuice, ale také zkušenost, nám v tomto ohledu pomáhá tím, že z nás dělá úspěšné lidi.

———◆◇◆———

40. Stanovování cílů s neurčitými cíli se stává zbytečným.

JE TO JAKO HLEDAT KNIHU, aniž byste znali autora, název, jak vypadá obálka a kolik stránek má. V podstatě nic nehledáte, ale ztrácíte čas. Při stanovování cílů potřebujete jasné souřadnice. Potřebujete přesné informace z důvěryhodných zdrojů.

Příliš mnoho cílů vám dá pocit, že jste přepracovaní. Proto je dobré přistupovat k politice malých kroků. Vyzbrojte se velkou trpělivostí a snažte se dosáhnout dalšího cíle, aniž byste ztratili ze zřetele celkový obraz, celkový obraz.

Stres zablokuje vaše dovednosti a v tom, co děláte, budete mít nízký výkon. Stres vás nakonec onemocní a změní vás ze zdravého a krásného člověka na člověka, který je neustále rozrušený a znepokojený. Buďte naprosto jasní v tom, co chcete. V klidu. Pokud uděláte vše, co musíte udělat, pokud udržíte trend a budete postupovat podle pokynů, budete nakonec úspěšní.

Mnoho lidí začalo zdola nahoru, bez zdrojů, s nižším sebevědomím než vy. To, co je odlišovalo od ostatních, kteří selhali, byla jasnost, s jakou viděli, že uspěli. Obraz úspěchu byl hmatatelný, dokázali se tolikrát promítnout do budoucnosti, že byli součástí této budoucnosti. Zákon přitažlivosti dělal tak, že skutečně patřily k té budoucnosti.

---

41. Musíte se naučit definovat překážky.

NEMŮŽETE SE SPOLEHNOUT jen na informace, které vám ostatní poskytnou. Mohou se mýlit a mohou vás postavit do pozice rozhodování na základě nepravdivých informací. Mnoho z těchto informací může být ovlivněno tímto nesprávným způsobem. Proto nejdůležitějším spojencem v těchto případech musí být jeho vlastní systém analýzy a stanovení překážek, které vzniknou.

Jak jsem řekl výše, nestačí odpovědět ano nebo ne. Je nutná analýza. Zde je několik otázek, na které musíte odpovědět okamžitě a co nejširší, když se ve vašem životě objeví překážka:

Jaká je překážka?

Jak vypadá?

Kdy se objeví?

Jaké jsou jeho rozměry?

Jaké jsou jeho účinky?

Jaká je nyní situace?

Zvyšuje to intenzitu nebo klesá?

Zavolejte poradce. Zaplaťte to, pokud je to nutné, a diskutujte o všech problémech, které vyvstanou. Vnější mysl, která není zapojena do problému, může vidět věci ze správné perspektivy. Může vám poradit, na co jste možná nikdy nepomysleli. Definování překážky vám pomůže najít sebe sama, abyste mohli říci, kdo ve skutečnosti jste. Protože když to překonáte, budete vědět, co jste nebo nejste schopni udělat.

---

42. Mozek filtruje informace, které nejsou podstatné, protože mysl má mechanismus pro odmítání špatných, neúplných nebo zbytečných věcí.

NÁŠ MOZEK JE POSTAVEN jako jeden z nejvýkonnějších systémů a je schopen vytvořit téměř nekonečné množství nervových spojení. Jsme schopni vědomě držet 7 bloků paměti za sekundu, zatímco přenos do podvědomí je 20 000 bloků paměti. Jsme schopni si pamatovat naprosto cokoli, zapamatovat si celé knihovny za pár dní, provést výpočty, které dokážou jen ty nejlepší počítače, a přesto existují lidé, kterým se nepodaří shromáždit dvě desetinná čísla.

Náš mozek není zvyklý na svůj skutečný potenciál, a proto si program osobního rozvoje klade za cíl pomoci nám trochu překonat naše limity, stejně jako je potřeba rychle se vyšplhat na vrchol úspěšných lidí v jakékoli oblasti.

Když si stanovíte negativní nebo nerealistické cíle, váš mozek tyto cíle odmítne, protože si je vědom, že nemůžete udělat mimořádně velké skoky v extrémně krátké době. Evoluce přichází, když každý den stavíme kousek po kousku a vyvíjíme neustálé a intenzivní úsilí.

---

43. Úspěch znamená především školení.

ODMĚNA, SEN A TOUHA, kterou jste vždy chtěli splnit.

Stanovení cíle opravdu funguje. Mnoho lidí nechápe, jak důležitý je proces stanovení cílů. Pro některé to může být snadné a přirozené, pro jiné extrémně obtížné. Možná proto je tak málo lidí, kteří v životě uspějí. Když si myslíte, že je všechny znáte a že se nemusíte nic učit, bude pro vás extrémně obtížné něco udělat, pokud jde o individuální výkon.

Je těžké dát se dohromady a chtít něco udělat se svým životem. Zvláště pokud nemáte perspektivu, pokud nemáte odvahu povznést se nad oblak kouře, který pokrývá město, a vidět za ním krásu východu slunce. Existují města, kde je těžké vidět slunce. Děti v těchto městech budou věřit, že by to tak ve skutečnosti mělo být, a když se jdou podívat na východ nebo západ slunce, uvědomí si, o kolik přišli.

Když vidíme, jak ostatní dosahují svých cílů, zastavíme se a přemýšlíme o tom, kolik jsme ztratili, zejména proto, že jsme nevěděli, jak to udělat, nepovažovali jsme to za důležité, nebo jsme chtěli, aby všechno fungovalo perfektně, a proto nechali jsme si ujít šance, které by nás posunuly mnohem dále. Připravte se, protože nevíte, kdy ve vašem životě přijde příležitost. Je čas se více zapojit, pokud jde o vaši budoucnost.

---

44. Než se pokusíte vyřešit problém, musíte vědět, co je příčinou. Proto je důležité umět problém definovat.

CHCETE-LI PROBLÉM DEFINOVAT co nejpřesněji, potřebujete informace. Většinu času je třeba problémy definovat a předefinovat. To změní perspektivu. Pokaždé, když si myslíte, že víte, o čem mluvíte, brzy zjistíte, že k tomu, co víte, jsou přidány nové proměnné, které úplně nebo zásadně mění informace o určitém tématu nebo o určité osobě. Je to proto, že se často snažíme pozorovat účinky a méně se zabývat příčinami, které generují toto chování nebo tento nedostatek.

Jakými termíny definujete problém? Jste zapojeni nebo odděleni? Myslím, že je nejlepší myslet na řešení až poté, co necháte uplynout určitou dobu. Nechte věci urovnat, zvláště pokud jde o důležitá rozhodnutí, která mají důsledky po delší dobu a zahrnují značné zdroje. Jakékoli ukvapené rozhodnutí vás může vést k řadě chyb, z nichž se pravděpodobně bude nesmírně obtížné se dostat.

Když znáte příčiny problémů, můžete tyto příčiny řešit a tímto způsobem celý problém vyléčit. I když většina lidí vidí pouze účinek, musíte pochopit, co je mimo vzhled.

---

45. Cíle a jejich dosažení jsou přímo podmíněny tím, jak soustředěně během procesu zůstaneme.

BEZ SOUSTŘEDĚNÍ SE myšlenky stírají a negativní vnitřní nebo vnější vyzařování nás může ovlivnit. Zkuste vymyslet něco důležitého ve vašem životě a poté zapněte televizor a několikrát za sebou změňte kanály. Zavolejte někomu a promluvte si o jiných tématech a uvidíte, že celá tato infuze myšlenek bude mít pouze jeden účinek - odvádění pozornosti od toho, co si myslíte, že je pro vás důležité.

Cíle se rozptýlí v moři problémů, kterým čelíme každý den. Aby byl cíl trvalý a dlouhodobý, vyžaduje hodně ambicí a odhodlání. Často se chováme jako dítě před oknem hračky. Chceme je všechny, ale nemůžeme je získat. Žádný rodič, bez ohledu na to, jak benevolentní, by dětem nekoupil všechny hračky.

Zaměření na jediný cíl nám dává šanci tento cíl každý den prozkoumat, komunikovat s ním a vyvážit cenu, kterou musíme zaplatit, s výhodami, které při dosažení cíle získáme. Většina se zaměří pouze na výhody a zapomene na cenu, nebo si myslí, že všechno dostanou příliš snadno. Pokaždé očekávejte, že cena bude o něco vyšší, než jste si původně mysleli. Zaplaťte cenu předem ještě dnes.

---

46. Abyste mohli dosáhnout svých cílů, musíte střídat období intenzivní práce s obdobími relaxace. Musíte se naučit vytvářet prostor, ve kterém podpoříte své kreativní myšlení.

NEMŮŽEŠ PRACOVAT CELÝ den; V knize Efektivní stanovení cílů představím více informací o kruhu života a o tom, že pokud chcete být úspěšní, musíte vyvážit důležité oblasti svého života.

Práce znamená zapojení, nervózní a energetickou spotřebu; proto potřebujete období na dobití energie na další den nebo další týden. Za to musíte vyjít z domu. Musíte si vybrat jít do přírody a mít možnost užívat si čistý a čerstvý vzduch, který vám příroda stále může nabídnout.

Uprostřed přírody se znovu připojíte ke zdroji inspirace a podaří se vám dát své myšlenky do pořádku výběrem správné stupnice hodnot, ve které věříte. Tímto způsobem budete mít čas na rodinu a přátele, vyrovnáte svou mysl a budete nabití pozitivní a kreativní energií.

Rozhodněte se, že ve svém pokoji vytvoříte prostor, kde můžete jen číst nebo být kreativní. Zvykněte si tento prostor co nejlépe využít a přidělte důležité časové intervaly ke čtení a přemýšlení o tom, co jste četli. Již od druhého týdne poté, co jste se rozhodli jít tímto směrem, uvidíte výrazný pokrok.

47. Emoce jsou v nás hluboce zakořeněny a bude pro nás velmi obtížné změnit tento stav věcí, zejména negativní emoce, které jsme v průběhu času nashromáždili.

TEORETICKY JE JEDNODUCHÉ, aby někdo přišel a řekl vám, že musíte začít myslet pozitivně nebo že způsob, jakým si myslíte, že není správný. Toto je váš způsob myšlení a jednou ráno jste se takhle neprobudili. Trvalo roky, než jste srovnávali určité hodnoty, hodnotili je a nakonec je přijali jako správné pro vás, až do nich nakonec uvěřili, často s celou vaší bytostí.

Chybné nebo negativní myšlení působilo v průběhu času a vytvářelo určité automatismy a přímé nebo nepřímé hlášení událostí. Prvním krokem je uvědomit si tyto negativní, obsedantní nebo destruktivní myšlenky a jejich přesný soupis oblastí zájmu a činnosti. Po této hluboké analýze následuje to, co se může zdát nejobtížnější: napravit a zrušit tuto myšlenku.

Negativní myšlení musí být nahrazeno pozitivním myšlením. Pokud jste brutální, neuspějete. Pokud se uložíte, získáte výsledky pouze na krátkou dobu. Negativní myšlení je odstraněno pochopením příčin, které k němu vedou a jejich odstraněním, pochopením toho, jak moc může v tomto duševním chování ublížit. Pouze tímto způsobem můžete podniknout vážné kroky k úspěchu.

48. Abyste mohli vyřešit problémy, kterým čelíte, musíte:

O HLEDEJTE A NAJDĚTE nápady a řešení od lidí, kteří již byli úspěšní v tom, co udělali. I když vám nebudou stoprocentně vyhovovat, budete mít představu o tom, jak můžete najít řešení, které vám vyhovuje, které vás dovede ke konečnému cíli.

o Přijmout, že existují lepší nápady a metody než ty, které máte, a udělat vše pro to, abyste tuto metodu získali, odložit svoji hrdost a souhlasit s přijetím pomoci od profesionála, pokud je to nutné.

o Postupujte metodu krok za krokem, dokud nedosáhnete výsledků. Mnoho z nich začíná plných nadšení, ale jen málo z nich proces dokončí.

o Mluvte, až uspějete, ne dříve. Nedělá vám nic dobrého chlubit se, nechte výsledky mluvit samy za sebe. Výsledky jsou o vás a vašem úspěchu, ne o prázdných slovech.

o Umět zvládnout problém i poté, co jste udělali nějaké chyby. Pokud chcete uspět, jsou chyby nevyhnutelné. Nebuďte na sebe příliš krutí, nesnažte se předstírat, že se věci dopadnou perfektně, nikdy to nedopadne tak dobře, co potřebujete vědět, je to, že jste k úspěchu dali vše, co jste měli.

---

49. Strach je hlavní překážkou při dosahování cílů, protože vám dává stav úzkosti a umožňuje vám vyhnout se riziku vyplývajícímu z rozhodnutí něco změnit. Strach vás činí nerozhodným a nejednoznačným.

VÍM, ŽE RÁD JEZDÍTE po dálnici, to je sen každého řidiče. Překážky, dopravní zácpy a nevyhnutelné povětrnostní podmínky způsobí, že i ten nejzkušenější řidič změní potěšení z jízdy na frustraci. Při dosahování mých cílů jsou v mém příkladu překážkami a překážkami obavy.

Již jsme poukázali na to, že tyto obavy jsou často neopodstatněné a že jsme to my, kdo se rozhodl žít ve stavu neustálé úzkosti.

Nejlepší lék na strach je akce. Okamžik, kdy si uvědomíte, že jste ŽIVÍ a že MŮŽETE dělat naprosto to, co chcete, je okamžik, kdy půjdete k úspěchu. Je zbytečné sedět v komfortní zóně a bát se. Akce vám ukáže, že vaše obavy byly do značné míry neopodstatněné a že vše, co musíte udělat, bylo mít větší důvěru ve vlastní sílu. Strach vás může paralyzovat, může vám vzít všechny vaše vnitřní a fyzické síly, může z kolosu udělat malé a bezmocné dítě. Strach snižuje vaši schopnost reagovat a dělat nejlepší rozhodnutí. Pochopte, že jste velmi silný člověk.

---

50. Nadšení nebo strach silně ovlivňují naše myšlenky a činy. Mozek pomocí emocí podporuje chování, které je pro nás „dobré". Z tohoto procesu se rodí emocionální potřeby, touha dosáhnout a sebeúcta.

POZITIVNÍ EMOCE ZNAMENAJÍ odvahu pokračovat a nepoddávat se zoufalství a strachu. V okamžiku krize vás napadnou dvě velmi silné myšlenky, v tu chvíli vám instinkt přežití předá dvě myšlenky. Jeden, který běhá a šetří kůži, nebo zůstává a bojuje. Většina se rozhodne utéct, šampioni se rozhodnou sedět a bojovat. Koncept boje může mít různé podoby, od přijetí toho, že riskujete a můžete ztratit, až po každodenní připojení k programu osobního rozvoje schopného rozvíjet vaše kvality a dovednosti jako vítěz.

Šampioni nejsou na pódiu objeveni, pouze potvrzují svoji hodnotu. Ocitnou se v tisících hodin tréninku, když si záměrně zvolí cestu ke skutečnému úspěchu. To znamená výkon a společnost odměňuje výkon.

Vyhrajte bitvu s vámi a buďte nadšení. Očekávejte, že zítra bude mnohem lepší a krásnější den. Myslete pozitivně a rozvíjejte svou schopnost čekat na dobré věci, které ve vašem životě přijdou. Budete překvapeni, až vás takové myšlení přiblíží k úspěchu.

---

51. Jasnost při dosahování cílů nám dává sílu ocenit jak

vzdálenost mezi námi a naším cílem, tak rychlost, s jakou se můžeme k tomuto cíli posunout.

NIKDO NÁS NEMŮŽE ODVRÁTIT od našich cílů, když něco opravdu chceme. Nikdo vás nemůže rozptýlit, když máte velký hlad, když jste dlouho nejedli a před sebou máte jídlo té nejlepší kvality, chutné a chutné.

Viděl jsem lidi spát v těch nejpodivnějších polohách; když únava přemůže lidi, spí ve vlaku, v čekárně, v letadle, na autosedačce, na lavičce ... kdekoli. Když je únava tak velká, každé místo se může stát jedním z nejlepších míst na světě, kde si můžete zdřímnout a oživit je.

Když víte přesně, co opravdu chcete, a jste nastaveni jako šipka přesně k cíli, pak jakýkoli zdroj, na který narazíte, se stane nesmírně důležitým a pomůže vám dostat se tam, kam chcete.

Většina lidí si myslí, že začít, až když mají všechny zdroje času, peněz a energie. Mohou být překvapeni, když zjistí, že nebudou schopni shromáždit všechny tyto zdroje a budou stagnovat; na rozdíl od těch, kteří přesně vědí, co chtějí, a pokračují v cestě s využitím každé příležitosti, která se jim naskytne.

---

52. Lidé nechápou, proč je důležité stanovit si své cíle.

PRO OBYČEJNÉHO ČLOVĚKA způsobil domov, škola, práce, média, kulturní prostředí, sociální prostředí, náboženské prostředí, tradice a zvyky neschopnost poznat důležitost stanovení cílů. Všechna tato prostředí ho nepřipravovala na život. Nenechali ho vidět perspektivu, způsob, jakým se věci vyvíjejí v čase a prostoru. Pochopili, že život je jen dlouhá řada událostí, které nemůžete ovládat, a všechny jejich činy byly založeny na této mentalitě.

Život může být komedie, tragédie nebo příběh o úspěchu. Pokud v prvních dvou případech můžete mezi nimi jasně rozlišit, když mluvíme o třetím případě, úspěch je něco úplného. To je to, co nás nutí prolomit bariéry konvenčního a překonat i naše očekávání. To znamená, že plníme i naše nejodvážnější sny.

Úspěch úzce souvisí se stanovením cílů. Pokud se tak málo lidí rozhodne nestanovit své cíle, pak můžeme pochopit, proč tak málo lidí ví, co je skutečný úspěch. I když pochopí, jak důležité jsou jejich cíle, nadále ignorují stanovení cílů, protože plně nevěří, že je pro ně úspěch možný. Nevěří, že něco tak jednoduchého a zároveň složitého může změnit rozdíl mezi úspěchem a neúspěchem. Neustále je třeba jim připomínat, aby si stanovily cíle, protože jim pomohou na cestě k úspěchu.

---

53. Lidé neberou problémy vážně. Doufají, že se věci vyřeší samy.

LIDÉ NEMAJÍ ODHODLÁNÍ jednat vážně a rozhodně, aby zabránili obtížným situacím. Každému obtížnému období nebo období krize předcházejí určité signály. Toto prekurzorové období nám poskytuje jasné vodítka o dynamice a kinetice událostí. Ti, kteří opravdu chtějí porozumět a jednat, jsou ti, kteří neignorují signály, které přicházejí a které ukazují, že v určité klíčové oblasti existuje určitá zranitelnost.

Pevnost nelze bránit pouze u jedné brány; každá brána je důležitá, každá zranitelnost je okamžitě zneužita protivníkem nebo nepřítelem. Zasáhne vás tam, kde jste nejslabší nebo kde to nejméně očekáváte.

Pokud chcete brát problémy vážně a zajímáte se o osobní úspěch, máte vizi celého systému. Bohužel pouze vůdci mají moc vidět celek. Pokud chcete být úspěšní, musíte začít studovat zákonitosti vedení a budovat své strategie založené na těchto základních principech.

Nic se nevyřeší samo. Pokud za několik let necháte dům neupravený, stane se z něj zřícenina, pouze věci a lidský zásah udržují věci správným směrem. Zapojení znamená nakonec řešení problémů.

54. Úspěch je cesta. Kdo jde stovky a tisíce kilometrů bez jakéhokoli plánu a bez peněz? Pouze s vírou, že bude mít to štěstí, že bude někde přes noc spát nebo že ho někdo přepraví zdarma?

MNOZÍ VŠAK ODCHÁZEJÍ bez plánu. Mohou to být dobrodružní duchové, ale když se vydáte na dobrodružství, předpokládáte, že se můžete setkat s určitými překážkami, které vám život zkomplikují mnohem víc, než byste čekali, nebo proč ne.

Znalost cíle a bezpečných míst, kde můžete zastavit a kde si můžete udělat zásoby, jsou pro každé dobrodružství zásadní, bez ohledu na jeho povahu, počet lidí v posádce nebo jeho konečný účel.

Podrobné plánování je opět kvalitou vůdců; zákony o vedení nás učí, jak to dělat, abychom byli úspěšní. Je známo, že jedna minuta plánování ušetří dalších deset minut akce. Je známo, že každý krok, který podnikneme, abychom byli úspěšní, musí být součástí řady kroků a že nic nesmí být ponecháno náhodě.

Stále více lidí chce úspěch a jde především o zvládnutí všech těchto základních principů a přílišnou spoléhání se na štěstí.

---

55. Jak důvěryhodné jsou vaše cíle?

POKUD JSOU DŮVĚRYHODNÉ, budou vás inspirovat a budete moci přijímat každodenní opatření k co nejefektivnější dynamizaci zdrojů a objevování svého skutečného latentního potenciálu.

Všechny vaše cíle se ve vašem životě pomalu, ale jistě naplní. Většinu času jsme to, co si myslíme. Jsme řemeslníci úspěchu nebo neúspěchu. Potkal jsem úspěšné lidi, kteří, i když byli rozrušení, našli sílu být laskaví a žertovat. Jejich mysl byla nastavena na takové lidi, příjemné a pozitivní.

Pro ty, kteří jsou úspěšní, cíle přestaly být důvěryhodné, jsou již součástí jejich života. Ráno se probouzí s myšlenkou, že udělají co nejvíce a co nejrychleji. Žijí v plné intenzitě každou událost a především na konci dne usínají spokojení a s pozitivním stavem očekávání na další den.

Když uvěříte a přijmete úspěch ve svém životě, uvidíte, že nebudete zklamáni. Člověk má potenciál být a dělat, co chce. Jediné, co musí udělat, je kultivovat prostřednictvím osobního rozvoje vlastnosti a dovednosti, které ho vedou k úspěchu. Snad nejdůležitější vlastností je kreativita a pokud se člověk naučí, jak být kreativní a jak takové chování generovat, pak budou výsledky kreativního myšlení vidět ve všech důležitých oblastech jeho života.

---

56. Abyste dosáhli svých životních cílů, musíte vědět, že vám v cestě bude dost překážek. Pokud budete mít jasnou vizi, bude mnohem snazší je překonat.

DÍKY TÉTO VIZI BUDETE prakticky nezastavitelní. Uvolníte silnou sílu, která vám pomůže generovat vyšší energii. Upřesnění vaší vize je to, co musíte udělat co nejčastěji. Je to jako řízení a občas musíte vyčistit čelní sklo. Nejprve to uděláte pomocí stěračů, ale pokud jdete déle, olejové skvrny již nelze snadno vyčistit. Zastavíte se, když doplníte palivo a umyjete ho nebo odvedete auto do myčky. Čím je čelní sklo čistší, tím lépe uvidíte a budete bezpečně řídit.

Mysl potřebuje jasné pokyny a přehledy. Pokud se vám podaří vytvořit takovou vizi a budete v ni neustále věřit, budete na pravé straně barikády, budete s těmi, kdo jednají podle pravidel úspěchu každý den.

Nebudete muset nic vymýšlet, vše, co musíte udělat, je uplatnit univerzální principy ve vašem životě. Pochopte, že tento svět se řídí zákony a že dodržováním těchto zákonů uspějete. Každá překážka může být důležitou lekcí, že pokud se naučíte, budete moci postupovat mnohem rychleji než všichni ostatní, nebo to může být faktor, který vás demotivuje a přiměje vás vzdát se. Záleží na vás, z jaké perspektivy se na tyto překážky díváte.

---

57. Vize je to, co vám dává hnací sílu, energii, která vás každý den posouvá dále. Tato vize je zásadní, pokud chcete dosáhnout svých cílů. Přesvědčuje vás, že jste schopni stanovit správné cíle a dosáhnout jich.

KDYŽ MÁTE SILNOU VIZI, stanete se houževnatými a rychlými při správném rozhodování. Stáváte se silnějším. Síla, kterou vidíte u úspěšných lidí, pochází z této vize. Vychází to z touhy vyvíjet se. Všechno je přirozené, život znamená vývoj od začátku do tohoto okamžiku. Evoluce pokračuje právě teď a my musíme být aktivními prvky tohoto procesu.

Úspěšní lidé se promítají do budoucnosti a vidí, že uspějí. Znají předem pocit vítězství a živí se touto projekcí, zvláště když věci nejdou přesně tak, jak původně plánovaly.

Síla uskutečňovat věci je specifická pro vůdce, jsou to ti, kteří mohou vzít část šoku ze změny na svá ramena a přeměnit ji pro svou organizaci na pozitivní energii.

Existuje mnoho silných vůdců, kteří mají jasnou vizi a mohou nás učit o úspěchu; vše, co musíme udělat, je najít je a umět se od nich učit. Naučíme se, až když si očistíme mysl od předsudků a budeme ochotni akceptovat, že jsme omezeni a máme omezené znalosti. Je to významný krok v osobním úspěchu.

---

58. Při stanovování cílů riskujete, že uděláte dvě chyby.

- STANOVIT TAK VELKÉ cíle, že mysl odmítne vyvinout jakékoli úsilí, protože akci bude považovat za ztrátu času, nebude uvažovat o tom, že může uspět;

- Stanovte si cíle tak malé, že když se ohlédnete zpět, uvědomíte si, že nebyly žádné výzvy ani výhody.

V obou situacích budete jen ztrácet čas, musíte si stanovit realistické cíle. Většina lidí se rozhodne žít ve světě, který zkrášlují. Existují například egocentrickí lidé, kteří si myslí, že jsou tak výjimeční, že si myslí, že si zaslouží všechno, aniž by dělali něco jiného. Tito lidé nebudou úspěšní a jejich vlastní neschopnost bude vysvětlena neschopností ostatních vidět jejich hodnotu. Existují další hodnotní a vynalézaví lidé, kteří nemají dostatečnou důvěru ve své vlastní silné stránky. Souhlasí s tím, že prodají svou práci za nízké ceny, pod svou hodnotu, a budou bojovat roky, ne-li celý život.

Musíte znát svou hodnotu a především musíte respektovat zásady stanovování cílů. V knize Efektivní nastavení cílů najdete mimořádně důležité informace o tom, jak můžeme tyto cíle nastavit tak, aby byly realistické. Moje rada je přečíst si a znovu si přečíst tyto knihy o stanovení cílů, dokud nepochopíte základy; teprve potom budete moci přejít do druhé fáze, která spočívá ve správném stanovení cílů.

---

59. Mnoho stanovených výkonnostních cílů nebo osobních tužeb na úkor stanovení cílů; ale jsou neúplné, pokud nedodržují kroky stanovování cílů tak, jak jsou.

ZDE JSOU NĚKTERÉ NEDOSTATKY těchto výkonnostních cílů:

- Jsou neúplné.
- Nutí vás soustředit se na konečné výsledky.
- Nemáte pro ně strategii.
- Krok za krokem nemáte žádnou kontrolu.
- Ztrácíte nadšení.
- Jsou nastaveny nereálně.
- Když se objeví nezávislé překážky, neexistuje strategie, jak je překonat.

Všechny tyto nedostatky způsobují, že ztrácíme důležitá časová období a zdržujeme plán, který jsme si stanovili. Všechno, co děláte, má dopad na čas, který investujete. Pokud jste v té době investovali špatně, možná zjistíte, že po určité době jste na přesně stejném místě, aniž byste podnikli kroky určitým směrem. Čas se nevrátí. V mých knihách o řízení času najdete dostatek tipů, jak věci dělat správně, i když to může být těžší, dražší a s mnohem vyšší spotřebou energie. Tímto způsobem, i když začnete tvrději, hodně se vzpamatujete z mezery na cestě a budete dělat věci správným způsobem a ve správném pořadí.

---

60. Stanovení cílů se může zdát zdlouhavé, ale nutné. Je pro někoho těžké se každé ráno probudit a zapsat si svých 10 denních cílů.

ALE TI, KDO TO UDĚLAJÍ, vloží další cihlu do budování skutečného osobního úspěchu. Z mého pohledu je to jen otázka vůle. Pokud však nemáte pevnou vůli, nemusíte na cestě k úspěchu mnoho hledat. Úspěch znamená dělat věci, které se vám nelíbí, dělat to, co se vám nemusí zdát tak důležité, ale na čem v průběhu času hodně záleží v celkovém plánu.

Když se rozhodnete stanovit 10 cílů každý den, pak se rozhodnete vytvořit správná neurální spojení a dát své mysli jasný směr. Nutí ji využít své tvůrčí schopnosti a přijít s brilantním nápadem s řešením problému, které nezahrnuje příliš mnoho zdrojů ani příliš dlouhou dobu. To dělají úspěšní lidé: vždy najdou zkratku, která, pokud se rozhodnou, dosáhne svého cíle rychleji a bezpečněji.

Uvidíte, že díky tomu brzy získáte úspěšné myšlení, slovní zásobu, kterou mají úspěšní lidé, a přístup vyzařující úspěch. Nakonec se z vás stane úspěšný člověk. Zpočátku nemusí být vaše úspěchy mimořádně velké, ale s vytrvalostí uvidíte, jak sami překonáte svá očekávání, a začnete stále více věřit v sebe a svou šanci.

61. Hlavním problémem při stanovování cílů je, že lidé věří, že uspějí po překonání určité fáze, ve které jsou nyní zapojeni. Ať už je to promoce nebo jiný závazek, který je právě teď zaměstnává.

BUDOU PŘEKVAPENI, ŽE po této očekávané chvíli bude všechno stejné. Pro ně a jejich šance na úspěch se nic nezměnilo. Nezmění se to, pokud na nich nejdříve něco nezmění.

Nečekejte příliš dlouho, rozhodněte se hned teď. Naučte se rychle číst a číst co nejvíce knih. Je to první krok. Zjistěte co nejvíce informací v oblasti osobního rozvoje a zvolte osobní transformaci jako životní filozofii pro nadcházející roky.

Po ukončení studia se nic jiného nestane, budete to vy. Je to jako mít zkoušku a myslíte si, že pokud nepůjdete, dozvíte se více. V naprosté většině případů se studenti neučí víc, ale je to jen způsob, jak se vyhnout a oddálit nevyhnutelné. Říká vám to někdo, kdo byl studentem na čtyřech univerzitách a musel složit stovky zkoušek.

Úspěch začíná právě teď stanovením realistických a silných cílů, které vás dostanou ze setrvačnosti.

62. Ztratíte energii, kterou se vám nepodaří nasměrovat. Mnoho lidí začne dělat spoustu věcí najednou a nakonec nedokončí nic, co začali.

STANOVENÍ CÍLŮ ZAMĚŘUJE naši energii jako laserová vlna na naše cíle. Nemít jasné cíle je jako házet barvou na stěny v naději, že tímto způsobem budete moci malovat zeď. Nebude to dobré. Když máte cíle, zavoláte malíři, na konci mu zaplatíte a odvede za vás kvalitní práci. Pokud chcete, aby malba byla projektem, do kterého se zapojíte, zakoupíte vše, co potřebujete, kvalitní barvy a štětce a během několika minut malování se zapojíte online na youtube. Odvedete mnohem lepší práci než házet barvy na stěny. Uvidíte, že dobrá strategie vás nakonec přivede k úspěchu.

Stanovení cílů také znamená sebekázeň. Začnete tolik věcí, že je nemožné je všechny dokončit. Ponoříte se do své touhy překonat sami sebe, ale bez stanovení cílů a řízení času se omezíte na konzumaci důležitých zdrojů. Bez ohledu na to, jak moc se snažíte, 99% nebude znamenat 100%, mnohem méně 60% nebo 80%. Aby bylo možné něco udělat, musí se to dostat do poslední fáze provedení. Jinak jej nebudete moci považovat za dokončený. Je to jako složit všechny zkoušky a zůstane vám jedna, kterou jste neabsolvovali. Dokud neprojdete touto, nebudete moci promovat a nebudete schopni složit bakalářskou zkoušku, i když jste složili všechny ostatní.

---

63. Když se rozhodnete stanovit své denní cíle, ve skutečnosti si vybíráte, jaký druh života chcete žít. Nejste nijak omezeni v úspěchu nebo odměnách, které můžete získat.

JE VELMI OBTÍŽNÉ DÁT své mysli určitý jasný směr, a proto je tak málo lidí, kteří mají cíle a kteří každý den bojují za jejich dosažení. Musíte vědět, že úspěch nikdy nezávisel na vnějších faktorech nebo okolnostech. Jste osobou, která může něco udělat z hlediska osobního úspěchu.

Přemýšlejte a myslete na to, že nikdo není lepší než vy, nikdo není kompetentnější než vy a že pokud jsou ostatní úspěšní, je to jen proto, že se před vámi naučili, jak to udělat. Musíte pochopit, jak tito úspěšní lidé jednali, a pochopit, že pokud uděláte to samé jako oni, budete mít stejný úspěch.

Mysl může vytvořit nekonečno nervových spojení. Mysl může vytvořit a znovu vytvořit jakýkoli vzor, který vědomě chceme. Pokud již existuje, bude pro nás mnohem snazší ji reprodukovat. Neexistuje žádné omezení kromě způsobu, jakým se rozhodneme jednat. Pokud to myslíme vážně a udržujeme toto spojení konstantní, pak mysl najde nejkratší způsob, jak dosáhnout toho, co chceme. Vše záleží na tom, jak moc chceme tohoto cíle dosáhnout, jak moc v něj věříme.

―――――⟨⟨⟩⟩―――――

64. Stanovení cílů vám pomůže stát se osobou, kterou chcete být. Uvolněte svůj latentní potenciál a využijte jej na úroveň, která vám pomůže splnit všechny vaše sny.

STANETE SE OSOBOU, kterou chcete být. Jste ten, kdo má moc formovat se, transformovat se, nejprve zevnitř množstvím pravdivých a podstatných informací, které se hromadí, a pak zvenčí prostřednictvím chování a postoje, který se rozhodnete mít každý den.

Každý z nás se narodil skvěle. Máme potenciál, který můžeme využít po celý život. Pokud opravdu chceme. Většina si nechce uvědomit, jak moc tento potenciál potřebují. Pokud jsou jejich dovednosti omezené, pak se jejich hodnota sníží a budou špatně placeni. Brzy jejich práce mohou a budou převzaty roboty. Pokud člověk pracuje na montážní lince, specializovaný robot to dokáže mnohem rychleji a mnohem lépe za mnohem nižší náklady. Australskou pouští již projíždějí auta sama, což vede k výraznému snížení výdajů na řidiče, jako je strava nebo ubytování.

Je to všechno o perspektivě a o tom, jak moc chceme využít potenciál, který nám byl dán při narození. Za jeho použití nás nic nestojí, pouze potřebujeme cenu, kterou musíme zaplatit. Tato cena nemusí být nutně hmotná, ale investice.

―――――⟨⟨⟩⟩―――――

65. Schopnost stanovovat cíle a plánovat je jednou z nejdůležitějších dovedností pro úspěch. Je to dovednost, kterou se můžete neustále učit a

zdokonalovat.

JAKÝ JE VÁŠ PLÁN PO dočtení této knihy? Jak chcete použít informace, které jste právě zjistili? Mají pro vás a vaši budoucnost význam?

Zde je několik otázek, na které musíte hned odpovědět. Život nečeká na neurčito, až se rozhodnete, zda si chcete udělat plán nebo ne. Musíte přesně vědět, co chcete dělat, a pracovat každý den, dokud nebudete úspěšní.

Nejlepší čas, abyste si mohli začít plánovat svůj život předem, je dnes. Přestaňte s tím, co chcete dělat, hned po dočtení. Zrušte svůj plán a sedněte si ke stolu. Uklidněte se na několik minut, poslouchejte písničky a přemýšlejte o všem, čeho chcete v budoucnu dosáhnout. Mysli na to, že tě nic neomezuje. Že máte svobodu myslet a sílu dosáhnout absolutně všeho, co chcete. Jste osobou, která může budovat svou budoucnost.

Zapište si vše, co si myslíte. Pokračujte v psaní zítra, i když jen na pár minut. Tímto způsobem si uvědomíte, co je a co pro vás není důležité, a nastíníte své cíle.

---

66. Když se rozhodnete stanovit cíle, musíte tak učinit na základě kvalitních informací.

S INFORMACEMI JE VELMI snadné manipulovat na cestě z vysílače do přijímače. Rychlé čtení vám pomůže a v takovém případě vám krátký přístup k několika zdrojům pomůže získat kvalitní informace.

Informace lze kdykoli změnit. Ať už se jedná o vysílač nebo přijímač. Může narušit svou zprávu v prostředí šíření, dokud nedosáhne přijímače.

Může existovat přímý zájem o přenos nepravdivých nebo zkreslených informací, nebo se to v komunikačním řetězci jednoduše děje z důvodů mimo naši kontrolu.

Informace musí být ověřeny z několika zdrojů, je třeba si je nechat ověřit, zejména teď, když je v elektronickém prostředí manipulace s nimi extrémně snadná a v online prostředí jsou velká nebezpečí. Rychlé vyhledávání vám může dát řadu odpovědí, ale moje rada je obrátit se na odborníka.

Nejlepší specialisté se těžko hledají a jsou docela drahí, ale mají přednost před řadou nesprávných kroků, které vás odhodí od vašich cílů a spotřebují důležité zdroje, aby se dostali zpět na vodorovnou čáru. Je lepší investovat než bojovat s problémy, které jste správně nedimenzovali.

---

67. Všechny informace jsou systematicky shromažďovány a zaznamenávány.

TO VÁM USNADNÍ ZJIŠTĚNÍ příčinné souvislosti mezi stranami problému. Vracíme se k psací části. Bez psaní budou cíle pouze relativní a často nehmotné pojmy. Nebudou moci být chyceni ve strategii, protože nemají určitou konzistenci a vy o nich nevíte. Pokud něco nevíte, začněte klást otázky, počkejte den a začněte na ně odpovídat.

• Jaké jsou vaše nedostatky v porozumění problému?

• Můžete sdělit svůj problém kvalifikované osobě, která vám pomůže jej vyřešit?

• Znáte takového profesionála?

• Dokážete předvídat důsledky pokusu o vyřešení problému sami?

Doporučuji, abyste si každý aspekt zapsali do poznámkového bloku na začátku, až notebook dokončíte, přesuňte informace do počítače a vytvořte samostatný soubor pro každý z problémů, které se vás týkají.

Vyberte si nejprve zápis do poznámkového bloku, i když se vám zdá, že budete pracovat dvakrát, je velmi důležitý interval mezi okamžikem psaní a okamžikem, kdy předáte informace do počítače. Mezi těmito dvěma okamžiky bude objasněno mnoho neznámých a budete mít širokou a správnou vizi vodítek, na kterých musíte jít, abyste dosáhli rozumného řešení problému.

Závěrečné slovo

Cíl je více či méně hmatatelný nápad. Naším cílem je přesunout ji z říše nápadů do skutečného života. Pojďme tuto myšlenku implementovat.

Nikdy nebudete odměněni za to, co máte v úmyslu udělat, ale za to, co jste již udělali. Cíle úzce souvisí s akcí. Úzce souvisí s tím, co si budujete ve své mysli. Pokud se podíváte pozorně kolem sebe, uvidíte mnoho lidí, kteří mají v úmyslu zásadně změnit svůj život. I od zítřka chtějí dělat víc, mluví s přesvědčením a vášní o tom, jak uspějí, stačí jim trochu času na vypracování určitých aspektů a pak se postarají o svou budoucnost. Problém spočívá v těchto malých problémech, které zbývají k vyřešení a které bohužel nikdy neskončí, najdou další problémy, aby neučinily to zásadní rozhodnutí, které změní jejich životy k lepšímu. Zůstanou pouze ve fázi záměru a nebudou schopni tuto fázi překonat.

Díval jsem se na příběh o nejstarší matce na světě, které je 74 let a má 8letou dceru. Případ této ženy dokonale ilustruje to, co jsem vám řekl výše. Narodila se v roce 1938 a mohla mít dítě kdykoli od 17 do šedesáti sedmi let. Trvalo mu padesát let, než porodila holčičku. Nyní se tato žena snaží každý den trávit čas se svou dcerou, protože věděla, že už ji nikdy neuvidí dokončit vysokou školu nebo se znovu vdá, jak to dělá většina rodičů. Věk a rozdíl mezi generacemi nás nutí přemýšlet, jestli není pro nás lepší jednat, když musíme, když je to tak, a nezanechat záměr proměnit se v neúspěch.

My lidé si neuvědomujeme naši skutečnou kapacitu a obrovský potenciál, který máme. Právě teď máme zdroje k vybudování nejúspěšnějšího podniku, pokud víme, jak na to, pokud máme extrémně jasné a přesné cíle.

Všichni bohatí lidé jednou nebo více zbankrotovali. Lidé zůstávají v tomto stavu, dokud se nerozhodnou převzít kontrolu nad svými životy tím, že se soustředí na to, co je důležité, a dosahují výsledků v těchto otázkách. Abyste v budoucnu nedělali chyby, musíte udělat chyby na začátku - pouze tak se můžete učit. Bez ohledu na to, jak tvrdě se snažíte vysvětlit člověku, proč by měl nebo neměl dělat určitou věc, dokud nezíská určitou zkušenost sám, nebude dávat vaší radě velkou hodnotu. Pochopí je a dá vám spravedlnost až poté, co obdrží svůj podíl na utrpení nebo zklamání ze selhání.

Jsem přesvědčen, že chcete být úspěšným člověkem; to, zda se jím stanete nebo ne, je věcí osobní volby. Pokud se za několik let uvidíte jako šampión a rozhodnete se zaplatit cenu předem, budete nakonec šampiónem ve svém oboru. Přečtěte si a přečtěte si tuto knihu tolikrát, kolikrát je to možné, je to spolehlivý přítel na vaší cestě k úspěchu!

CPSIA information can be obtained
at www.ICGtesting.com
Printed in the USA
LVHW021508191122
733280LV00027B/2097

9 798215 452264